U1010372

我国普通高校“运动教育模式”的理论构建与实证研究

熊 艳 著

北京体育大学出版社

策划编辑：潘海英
责任编辑：潘海英
责任校对：韩培付
版式设计：久书鑫

图书在版编目（CIP）数据

我国普通高校“运动教育模式”的理论构建与实证研究 / 熊艳著. -- 北京 ：北京体育大学出版社，2021.3
ISBN 978-7-5644-2957-7

Ⅰ．①我… Ⅱ．①熊… Ⅲ．①体育教学－教育模式－研究－高等学校 Ⅳ．①G807.4

中国版本图书馆CIP数据核字（2021）第022819号

我国普通高校“运动教育模式”的理论构建与实证研究　　熊　艳　著
WOGUO PUTONG GAOXIAO “YUNDONG JIAOYU MOSHI” DE LILUN GOUJIAN YU SHIZHENG YANJIU

出版发行：北京体育大学出版社
地　　址：北京市海淀区农大南路1号院2号楼2层办公B-212
邮　　编：100084
网　　址：http://cbs.bsu.edu.cn
发 行 部：010-62989320
邮 购 部：北京体育大学出版社读者服务部 010-62989432
印　　刷：北京建宏印刷有限公司
开　　本：710 mm×1000 mm　1/16
成品尺寸：170 mm×240 mm
印　　张：8
字　　数：122千字
版　　次：2021年3月第1版
印　　次：2021年3月第1次印刷
定　　价：48.00元

（本书如有印装质量问题，请与出版社联系调换）
版权所有·侵权必究

目　录

第一章

教学模式、体育教学模式与“运动教育模式”

研究“运动教育模式”，首先要厘清何为教学模式，教学模式包含了哪些要素，教学模式包含了哪些类别，从而明晰教学模式在教学过程中的地位与作用；进一步厘清何为体育教学模式，体育教学模式包含了哪些要素，体育教学模式包含了哪些类别，从而明晰体育教学模式在体育教学过程中的地位与作用。

第一节　教学模式的概念、基本要素与分类

“教学模式”作为教学论的一个专业术语，自有它的特定意义。1972年，乔伊斯（Joyce）和韦尔（Weil）出版了《教学模式》（*Model of Teaching*）一书，首次提出教学模式的定义。本节从教学模式的概念出发，剖析教学模式的含义，分析教学模式所包含的基本要素，探讨教学模式的不同分类方式。

一、教学模式概念的研究

教学模式是一个复合概念，首先应明确什么是模式，其次才能明确什么是

教学模式。王同亿主编的《中华字典》中解释“模”的含义为：根据权威、习惯或普遍一致的意见而被建立起来，作为一种应当仿效的典范或样板的某种东西。美国比较政治学家认为，模式是再现现实的一种理论性的、简化的形式。[①]李佩武等将模式定义为：依据实践活动及其思想与理论指导，表达事物或行为过程的一种模型或范式。[②]

最早对教学模式进行研究的是美国的乔伊斯和韦尔，1972 年，他们出版了《教学模式》一书，首次提出教学模式的定义。他们认为，教学模式是可以用来设置课程、设计教学教材、指导课堂或其他场合的教学的计划或类型。[③]该书的问世拉开了教学模式研究的序幕。在乔伊斯看来，教学模式就是学习模式，因为真正的教学在于教学习者如何学习，概言之，一种教学模式就是一种学习环境，在这个环境中，学习者学会了如何去学习。

我国教学理论界对教学模式的研究是从 20 世纪 80 年代中期开始的。时至今日，教育界学者对教学模式本质的认识、教学模式的概念也未形成一致的看法。由于研究者的研究角度和认识理解不同，人们对教学模式概念的界定也多种多样。《教育大辞典》中对“教学模式”的定义为：反映特定教学理论逻辑轮廓，为实现某种教学任务的相对稳定而具体制定的教学活动结构。熊川武认为，教学模式是人们为了特定的认识目的对教学活动的结构所做的类比、简略、假定的表达。[④]柳海民认为，教学模式就是教学过程的模式，或是一种有关教学程序的策略体系、教学式样，即根据客观的教学规律和一定的教学指导思想而形成的整个教学过程中必须遵循的比较稳定的教学程序及其实施方法的策略体系。[⑤]杨小微认为，教学模式是在教学实践的基础上建立起来的一整套组织、设计和调控教学活动的方法论体系，它由教育（哲学）主题、功能目标、结构

① 曲艺．教学模式的构成要素分析[J]．教育探索，2005，167（5）：39．

② 李佩武，李子鹤．论教学模式及其演变[J]．教育探索，2010，230（8）：33．

③ 丁证霖，赵中建，乔晓东，等．当代西方教学模式[M]．太原：山西教育出版社，1991．

④ 熊川武．教学模式实质说[J]．教育研究，1993（6）：46．

⑤ 柳海民．试论教学模式[J]．中国教育学刊，1988（5）：34．

程序及操作要领构成。[①]于深德等认为，教学模式就是教学结构，它是在一定的教学思想指导下建立的比较典型和比较稳定的教学程式。[②]李如密认为，教学模式是指在一定的教育思想的指导下，为完成特定的教学目标和内容而围绕某一主题形成的稳定且简明的教学结构理论模型及其具体的、可操作的实践活动方式。[③]有研究者认为，教学模式属于教学方法范畴，它是一种教学方法或是多种教学方法的综合。[④]何克抗认为，所谓教学模式，是指在一定的教育思想、教学理论、学习理论指导下的教学活动进程的稳定结构形式。[⑤]徐英俊认为，教学模式是为达到一定教学目标，在一定教学思想或理论指导下，为特定条件设计和组织教学活动而构建的教学过程的基本结构和范型。[⑥]李佩武等（2010）认为，从归纳角度讲，教学模式是从各学科、各种教学方式中概括、抽象出来的带有普遍意义的标准样式；从演绎角度讲，教学模式是模式在教育领域教学活动中的应用。于剑等认为，所谓教学模式，是在一定教学思想指导下，影响特定教学目标达成的教学活动诸要素，在一定时空范围内形成的以教学程序为其外在表现的一种教学活动结构体系。[⑦]

1995 年出版的《中国大百科全书·教育》中还没有收录“教学模式”这个词条，这说明在此之前，“教学模式”在我国还没有作为一个科学的概念为人们所认识。[⑧]然而，随着《教学模式》一书的出版，我国教育科研工作者对教学模式进行了越来越多的研究，应该说，在教学模式的研究方面，我国已取得了显著的成果。但是，综观国内外的研究，人们对教学模式的一系列基本问题仍是众说纷纭。显然，加强对教学模式有关基本理论问题的研究，仍然是必要的。人们对教学模式概念认识的分歧，说明对教学模式的实质和定位等基本理论问

---

① 杨小微．中小学教学模式[M]．武汉：湖北教育出版社，1990．

② 于深德，朱学思．探索新的教学模式[J]．山东教育科研，1989（4）：31．

③ 李如密．关于教学模式若干理论问题的探讨[J]．课程·教材·教法，1996（4）：25．

④ 杨小微，旷习模．全国教学论第二届学术年会综合报道[J]．教育研究，1987（12）：71．

⑤ 何克抗．论现代教育技术与教育深化改革（上）：关于 ME 命题的论证[J]．电化教育研究，1999，75（1）：8．

⑥ 徐英俊．现代教育理论[M]．哈尔滨：东北林业大学出版社，2002．

⑦ 于剑，韩雁．教学模式的改革探索[J]．高等工程教育研究，2008（4）：139．

⑧ 张志勇．对教学模式的若干理论思考[J]．中国教育学刊，1996（4）：35．

题有待进一步深入研究。①

二、教学模式基本要素的研究

每种教学模式都是由各个要素有机构成的整体，本身都有一套比较完整的结构。教学模式的要素是指构成教学模式的主要元素，它实质上揭示的是教学模式的结构，进而确定教学模式的功能。因此，明确教学模式的构成要素，对于我们选择与应用教学模式、完善与构建教学模式具有重要的意义（曲艺，2005）。

张武升认为，一个完整的教学模式一般包括以下因素：（1）主题，教学模式的主题因素是指教学模式赖以成立的教学思想或理论；（2）目标，任何教学模式都是指向一定的教学目标，是为完成一定的教学目标而创立的；（3）条件（或手段），条件因素是指完成一定的教学目标，从而使教学模式发挥效用的各种条件；（4）程序，任何教学模式都有一套独特的操作程序，详细地说明教学的逻辑步骤、各步骤完成的任务等；（5）评价，评价是教学模式的一个重要因素，它包括教学模式自己的评价方法、标准等。以上五个因素相互依存、相互作用，共同构成一个完整的教学模式。②

李雁冰认为，一个完整的教学模式主要由下列几个相互影响、相互作用的因素构成：（1）指导思想，任何教学模式都是在一定哲学思想和理论的指导下提出的，指导思想是各教学模式建构的理论基础；（2）教学目标，教学目标规定着某种教学模式通过教学在学生身上所要达成的某些品质；（3）策略，教学模式的策略是指完成目标的一系列途径、手段和方法体系；（4）程序，教学模式的程序是指完成教学目标的步骤和过程；（5）评价，每一种教学模式，都有适合自己特点的评价方法和标准，依照这种方法和标准，师生对教学过程及结果进行评估，检查教学目标达到的程度。③

① 郝志军，徐继存．教学模式研究 20 年：历程、问题与方向[J]．教育理论与实践，2003（12）：52．

② 张武升．关于教学模式的探讨[J]．教育研究，1988（8）：61．

③ 李雁冰．简论教学模式[J]．山东体育科研，1994（3）：22．

曲艺（2005）认为，一个完整的教学模式应具备下列五个要素：（1）理论基础，任何教学模式都是在一定的教学思想、教学理论和教学理念指导下构建起来的，它是某种教学思想、教学理论和教学理念在特定条件下的一种表现形式；（2）教学目标，教学目标在这里是指教学模式所应达到的教学效果，是对教学模式中的教学活动在学生身上将产生什么样的效果所做出的预先估计；（3）教学程序，教学程序是指详细说明教学活动的逻辑步骤和完成特有的职能的操作过程；（4）辅助条件，辅助条件是指促使教学模式发挥效能的各种条件（教师、学生、教学内容、教学媒体、时间、空间、心理气氛等）的最佳组合或最好的方案，是为教师运用教学模式而简要提出的原则、方法和技巧等策略；（5）评价标准，评价标准是指教学模式的评价尺度和评价方法。

郝志军等（2003）认为，任何教学模式都包含教学思想（或教学理论）、教学目标、操作程序、师生组合、条件和评价等要素。这些要素各占有不同的地位，具有不同的功能，它们之间既有区别，又彼此联系，相互包含、相互制约，共同构成了一个完整的教学模式。教学思想或教学理论是教学模式得以建立的基础和依据，它对其他要素起着导向作用；教学目标是教学模式的核心，它制约着操作程序、师生组合、条件，也是教学评价的标准和尺度；操作程序是教学模式实施的环节和步骤；师生组合是教学模式对教师和学生在教学活动中的安排方式；条件保证了教学模式功能的有效发挥；评价能使人们了解教学目标的达成度，从而调整或重组操作程序、师生活动方式等，以便使教学模式进一步得到改造和完善。一般说来，任何一个教学模式都包含这些要素，至于各要素的具体内容，则因教学模式的不同而有所差异。

李佩武等（2010）认为，教学模式的构成包括：（1）教学思想与教学理论，先进的教学思想与教学理论在教学改革中能够发挥定位、导航和调控的作用；（2）特定目标，特定目标是教学模式中的核心要素，对其他因素起着引领与制约的作用；（3）教学环境，教学环境包括情境和资源，是基于教学创设的物质和心理的认知空间，浸润了文化意蕴，镶嵌了学科知识，决定着教学模式的类型，是教学资源、观念、方法、想象、活动、师生关系等各种支持性条件的综合体现；（4）结构，教学模式的结构主要指促使教学模式发挥功能的教师、学生、内容、媒体以及技术、策略、方法、时间、空间等各种条件的组合表达形式；（5）操作程序，操作程序指特定的教学活动步骤和过程的操作顺序，类似于程序设计中的算法，可根据实际的教学情境而灵活变通，实质在于处理好教学内容在时间序列上的实施。

综合以上观点可以看出，尽管人们对教学模式的概念界定不一，但对教学模式结构的认识基本趋向一致，教学模式基本要素主要包括理论基础或指导思想、教学目标、教学策略或教学方法、教学程序、教学评价、教学环境或辅助条件等。

三、教学模式分类的研究

随着教学实践活动的发展、教学论研究的拓宽和深入，出现了丰富多彩、各具特色的教学模式。乔伊斯和韦尔在他们所著的《教学模式》一书中，精选了二十二种教学理论、学派计划，从上百种教学模式中选出二十五种教学模式，并将这些教学模式概括为四类：第一类教学模式包括团体调查的模式、角色扮演的模式和法理学探究的模式，旨在促进学习者合作学习，以此培养公民的民主行为。第二类教学模式包括归纳的模式、演绎的模式、概念获得的模式、科学探究的模式、记忆的模式和先行组织者的模式，旨在促进学习者思维的训练。第三类教学模式包括程序教学的模式、直接指导的模式和模拟训练的模式，旨在让学习者在系统训练中提高自己的学习能力。第四类教学模式以美国教育学家罗杰斯的非指导性教学模式为代表。前三类教学模式都是由教师设计并实施多种活动。在非指导性教学模式中，教学是师生之间的沟通，教师鼓励学习者自由地表达情感，并避免对学习者表示出个人偏见。因此，教师根本无法预测课堂上将要发生什么。[①]

① 乔伊斯，韦尔．教学模式[M]．7版．荆建华，宋富钢，花清亮，译．北京：中国轻工业出版社，2009.

毛景焕认为，与西方教学模式相比，我国教学模式的整体特征是形式多样和功能单一，"基本上限于传授和学习书本知识这一种"功能。虽然现在出现了名目繁多的教学模式，如主体性教学模式、本体性教学模式、愉快教学模式、和谐教学的课堂教学模式等，但这些都没有超出传授书本知识的范围。即使是传授的方式有变，但学习书本知识的目的没有变，仅适合于传授知识的功能也没有变。其先进之处不过是为某一种教学模式提出了更多的教学目标，这些目标能否实现却是值得怀疑的。我国具有的传统的整体性思维模式，往往使我们寄希望于通过一个过程达到所有的目标，而不善于通过多种途径，实现各自的目标或进行分门别类的研究，因此造成各模式大同小异、分工不明、特点不突出。①

柳海民（1988）按师生活动强度的不同把教学模式依次分为注入式、启发式、问题式、范例式和放羊式五类。第一类教师的活动强度最大，学生的活动强度最小，依次递减（递增）到第五类则表现为教师的活动强度最小，学生的活动强度最大。李佩武等（2010）从教学模式形成或创立的方法角度把教学模式分为归纳教学模式和演绎教学模式两大类。他认为教学模式受教学思想与教学理论的制约，因而不同的教学思想和教学理论及其对理论的不同理解或不同流派，均会产生不同的教学模式；组成模型结构各要素的地位与作用不同，也会产生不同的教学模式；教育目标的不同、科技水平的不同、生产力的差异、社会需求的不同、研究视角的不同，都对应着不同的教学模式；而不同的学科理论也会形成不同的教学模式类别。因此，教学模式具有复杂性与多样性。他将教学模式分为基于学习理论的教学模式、基于教学论的教学模式、基于教育哲学的教学模式、基于教学活动的性质和组织形式的教学模式、基于教学角色地位的教学模式。

综合以上分析可以看出，研究者对教学模式的分类不尽相同。人们对教学

① 毛景焕．当代中西教学模式比较分析[J]．现代教育论丛，2000（2）：48．

模式的不同分类，表明分类的依据和角度有差异，也隐含着对教学模式特性的不同认识（郝志军等，2003）。

第二节　体育教学模式的概念、构成要素与分类

体育教学模式是从教学模式派生出来的，因此，对体育教学模式的研究是基于教学模式本质特征与内涵的研究，这是研究体育教学模式的逻辑起点。[①]本节从体育教学模式的概念出发，剖析体育教学模式的含义，分析体育教学模式的构成要素，探讨体育教学模式的分类。

一、体育教学模式概念的研究

明确提出体育教学模式概念，并对体育教学模式理论进行系统研究始于20世纪80年代初，人们在寻求体育课堂教学优化、提升体育教学效率与提高体育教学质量的过程中，发现对体育教学模式的研究可以更好地把握教与学的关系，促进体育教学优化，从而开始关注体育教学模式的研究。80年代中期以来，体育教学模式是体育教学研究的热点之一，众多体育科研工作者已认识到体育教学模式是体育教学理论、体育教学观念通向体育教学实践的中介和桥梁。

近年来，关于体育教学的理论研究和实验研究很多，国内研究者基于不同的研究视角，对体育教学模式分别进行了研究，对其概念，从宏观和微观上均有不同的说法，至今没有达成共识。这一方面说明体育教学模式理论研究正处于百花齐放的发展态势，另一方面也有碍于对体育教学模式的整体性把握。我国学者对体育教学模式概念的界定见表1–1。

① 肖焕禹，周莉，罗海涛．体育教学模式的结构、类型及应用条件[J]．上海体育学院学报，2002（2）：76.

表 1–1 我国部分学者对体育教学模式概念的界定

学者	体育教学模式概念的表述
《体育科学词典》编者	体育教学模式是指按照一定的体育教学理论或教学思想设计，具有相应结构和功能的体育教学理论或教学活动模型
毛振明	体育教学模式是在某种体育教学思想和理论指导下建立起来的体育教学的程序，它包括相对稳定的教学过程结构和相应的教学方法体系，主要体现在体育教学单元和教学课的设计和实施上①
杨楠	体育教学模式是指体现某种教学思想或规律的体育活动的策略和方式，它包括相对稳定的教学群体和教材、相对独特的教学过程和相应的教学方法体系②
吴涛、胡利军	体育教学模式是指在一定的体育教学思想指导下，围绕体育教学中的某一主题，形成的相对稳定的、系统化的和理论化的教学范型或模型。它一般包括教学思想、教学目的、操作程序、师生关系、教学条件等要素③
李杰凯	所谓体育教学模式，是蕴含特定体育教学思想，针对特定教学目标，在特定教学环境下实现其特定功能的有效教学活动结构和框架，是以简化形式表达的体育教学思想理论和教学组织策略，是联系体育理论与体育教学实践的纽带④
邵伟德	体育教学模式是指具有特定的体育教学思想，用以完成体育教学单元目标而设计的相对稳定的教学程序⑤
赵立	体育教学模式是指在一定理论体系指导下，以完成特定的体育教学任务为目的的一种教学模型或方法的组合⑥
许剑	所谓体育教学模式，是指在一定体育教育教学思想、理论或原理的指导下，体育教学系统内基本构成要素之间彼此联系、相互作用、协调运行的，静态与动态相统一的有机整体⑦

① 毛振明．简明体育课程教学论[M]．北京：北京师范大学出版社，2009.

② 杨楠．体育教学模式与主体教学浅论[J]．北京体育师范学院学报，2000，12（1）：3.

③ 吴涛，胡利军．中、美、日、前民德中小学体育教学模式的比较研究[J]．天津体育学院学报，1994，9（1）：51.

④ 李杰凯．关于体育教学模式一般理论的研究[J]．沈阳体育学院学报，1995（2）：3.

⑤ 邵伟德．体育教学模式[M]．北京：北京体育大学出版社，2005.

⑥ 赵立．体育教学模式群结构研究[J]．北京体育大学学报，2000，23（4）：532-533.

⑦ 许剑．体育教学模式概念的系统分析：兼论体育教学模式概念的三元运行机制[J]．体育与科学，2006，27（3）：77.

续表

学者	体育教学模式概念的表述
肖焕禹、平杰	体育教学模式是在一定的教学思想指导下，为完成规定的教学目标而形成的规范化程序，包括相对稳定的教学过程结构和教学方法体系①
董胜利、林克明、徐虎泼等	体育教学模式是按照某种教学思想设计的，具有相应结构和功能的关于体育教学活动的模型或策略的教学程序，它包括课程设置的框架或类型、相对稳定的教学过程结构和相应的教学方法体系②
侯晋龙	体育教学模式是指以体现某种教育理念为核心的，以一定的结构设计为形式的体育教学活动的范型③
毛燕平	体育教学模式是在一定的（体育）教学思想或理论指导下，针对特定的（体育）教学目标、社会目标及相关目标，在一定的教学环境和教学条件下，为实现特定的教学功能的教学过程结构和对应的教学方法体系，主要体现在单元或教学课等设计和实施上的体育教学思想理论和方法体系策略范式，是体育理论和体育实践的联系纽带与中介④
魏勇	体育教学模式是在一定的体育教学思想的指导下，按照一定的原理设计的具有相应结构和功能的体育教学的模型或策略，它既是体育教学系统与教学过程的具体化和实践化，又是体育教学形式和教学方法的综合载体⑤

概念是事物本质属性和特征的反映，任何科学研究最基础的工作是对研究对象的本质做出概括，对其内涵加以界定。通过综合分析，不难发现以上所有体育教学模式的概念都强调以教学指导思想或教学理论为前提，然后，研究者分别将体育教学模式定义落脚为模型、程序、策略和方式、方法等。虽然体育教学模式的概念表述不尽相同，但是体育教学模式所有概念所反映的本质是一样的：体育教学模式组织和调控体育教学活动，它以一种成熟的理论指导实践，

① 肖焕禹，平杰．体育教学模式的研究[J]．体育科研，2002，23（3）：2.

② 董胜利，林克明，徐虎泼，等．普通高校体育教学模式改革和发展对策的研究与实践[J]．中国体育科技，2001，37（11）：17.

③ 侯晋龙．体育教学模式：理念与设计[J]．四川体育科学，2005（4）：103.

④ 毛燕平．体育教学模式相关操作定义及其子概念科学性之思考[J]．吉林师范大学学报（自然科学版），2010（3）：138.

⑤ 魏勇．普通高校体育教学模式研究分析[J]．山东体育学院学报，2010，26（2）：75.

同时又以大量的实践经验丰富理论，是理论与实践的中介和桥梁。

二、体育教学模式构成要素的研究

系统科学整体优化原理认为，任何系统只有通过要素和结构的优化，才能实现整体功能的优化，因为系统是由各组成要素按一定方式联系而成的整体，所以系统的整体功能等于各孤立要素功能的总和加上结构的功能（肖焕禹等，2002）。体育教学模式亦是如此，那么我国体育教学模式构成要素包括哪些方面呢？

《体育科学词典》中认为，体育教学模式包括"教学理论或教学指导思想、教学目标、教学条件、操作程序和师生组合五个大因素"。

毛振明认为，体育教学模式概念主要由三个基本要素组成，即教学指导思想、教学过程结构、相应的教学方法体系。这三者的关系是：教学过程结构是支撑教学模式的"骨骼"；教学方法体系是填充教学过程的"肌肉"；而教学指导思想则是内含在"骨骼"与"肌肉"中，并起到协调和指挥作用的"神经"。教学指导思想（"神经"）体现了教学模式的理论性；教学过程结构（"骨骼"）体现了教学模式的稳定性；教学方法体系（"肌肉"）则体现了体育教学模式的直观性和可操作性。[①]

邵伟德（2005）认为，按照体育教学模式制作程序安排，组成体育教学模式的各要素包括体育教学内容、体育教学条件（包括场地、器材、本地区特点等）、体育教学指导思想、教学操作程序与体育教学方法、教学过程结构、教学实践活动、体育教学效果评定、教学反馈。

肖焕禹等（2002）认为，体育教学模式结构分为四个相互联系的层次，第一层次是教学指导思想，包括理论依据、功能目标和应用范围。第二层次是教学程序，一种教学模式要让人参照和模仿，除了要说明操作目标和条件之外，更重要的是要明确操作程序。第三层次是相应的教学方法体系和教学过程结

① 毛振明．体育教学论[M]．北京：高等教育出版社，2005．

构。教学模式不同于教学方法，是因为它从更高的理论层次对教学现象进行抽象概括，一种教学模式往往是多种教学方法的综合运用和体现。教学模式中的教学过程结构主要是描述教学规律的不同形式，是教学过程各要素的组合。第四层次是实现教学目标的条件，包括教学设施器材、对教师的要求和对学生的要求等。上述四个层次是构成体育教学模式的主要变量，体育教学模式体现了教学过程主要变量以及这些变量之间的规律性联系。

综合以上观点可以看出，体育教学模式如同一个可控制的开放系统，这个系统包含了教学思想、教学目标、结构程序、教法学法、评价体系、教师学生、课程教材、设备器材等诸多要素。对体育教学模式进行研究就是对体育教学活动中各要素之间组合的整体设计与控制，各要素是构成体育教学模式的重要组成部分。

三、体育教学模式分类的研究

20 世纪 70 年代末到 80 年代初，国内对体育教学思想、体育教学方法以及体育教学过程的研究非常活跃，最终形成了体育教学模式研究的热潮。随着教育改革和学校体育改革的不断深化，在体育教学第一线，体育教学模式的探讨与研究也成为最热的研究课题，广大体育教师依据各种新的体育教学思想和体育教学理论，结合现实中的体育教学问题，不断寻求新的体育教程和体育教法，对各种有特色的教学模式进行思考、构思、实验和理论总结，各种体育教学模式的研究成果报告层出不穷。多年以来，随着体育科学研究的不断发展，在我国的体育教学实践中已经形成了一些比较成熟的、可行的或具有新意的体育教学模式，包括“技能掌握式的体育教学模式”“快乐体育的目标学习教学模式”“小群体教学模式的体育教学模式”“发现式的体育教学模式”（毛振明，2005）。那么，对于体育教学模式的分类，我国体育科研工作者又有哪些研究成果呢？

许剑（2006）认为，体育教学模式源于体育教学的基本理论与实践，寓于一般教学模式之中。由于体育教学理论涵盖体育教学思想、体育教学规律和体育教学原则的不同，体育教学模式也有不同层次的分类。综观国内各家之说发现，从体育教学模式概念研究的视角来看，体育教学模式的分类主要有三种：体育教学结构模式观、体育教学程度模式观和体育教学方法模式观。另外，在三种基本体育教学模式研究取向的基础上衍生出两种组合模式观：一种是体育教学结构—体育教学程序模式观；另外一种是体育教学程序—体育教学方法模式观。

赵立（2000）认为，体育教学模式群结构可以用图 1–1 进行描述。从不同的体育教学目标出发可以划分出若干教学模式。一般而言，属于人的情感体验、深层次（整体与创造性把握）认知体验的模式是比较高级的模式，在右侧。通过一般模仿吸收信息的模式是比较低级的模式，在中间。体现体育教学特点的教学模式是最基本的教学模式，在左侧。同时，左侧教学模式是右侧教学模式的基础，右侧教学模式是左侧教学模式的扬弃和递进，即具有目标的复合性。

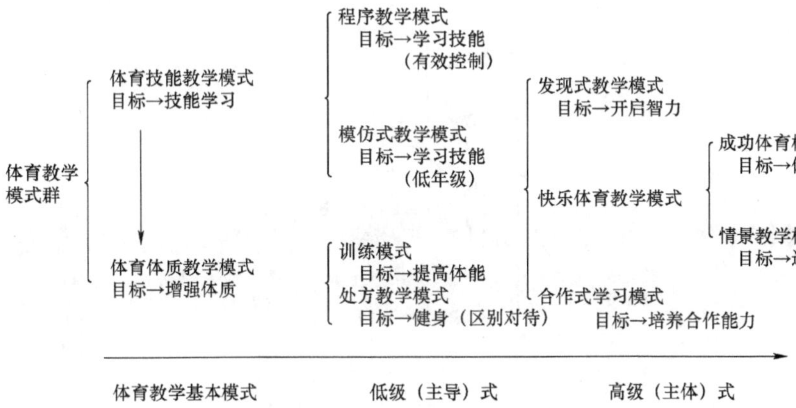

图 1–1　体育教学模式群结构①

赵立还认为，当前体育教学模式的发展，特别是一些新的体育教学模式的出现，都是在对一般教学模式的借鉴中、在体育教学实践中发展起来的，如快乐体育源于愉快教育等。可见，体育教学模式是一个发展的概念，它是在不断追求新思想、新方法中发展起来的。体育教学模式也有一定的变式，如快乐体育教学模式的变式包括成功体育模式和情景教学模式。

① 赵立. 体育教学模式群结构研究[J]. 北京体育大学学报，2000，23（4）：532–534.

邵伟德、王恬（2004）在进行分类的时候，略去了一些不成熟的体育教学模式，重点对较成熟的体育教学模式进行了分类，如图 1–2 所示。首先，运动技能教学类模式包括模仿式教学模式、程序式教学模式、能力培养式教学模式，这些体育教学模式侧重掌握运动技能。其次，心理发展类模式分为个体发展类模式和社会适应能力发展类模式。其中，个体发展类模式包括情景类教学模式、启发式教学模式、发展主动性教学模式、发现式教学模式、领会式教学模式、快乐成功教学模式，这些体育教学模式侧重发展智力与情感，促进个性发展。另外，社会适应能力发展类模式包括分层分组教学模式和小群体教学模式，这两类体育教学模式侧重学生合作能力、社会适应能力的发展。最后，体能训练类模式包括训练式教学模式、活动式教学模式、身体素质教学模式，这一类体育教学模式侧重提高学生的身体素质，发展体能。

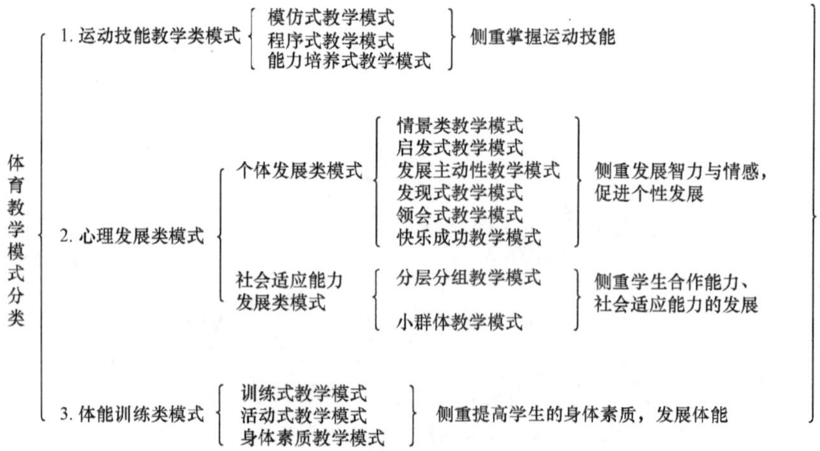

图 1–2　体育教学模式分类[①]

综合以上分析可以看出，我国体育科研工作者对于体育教学模式的分类进行了大量的研究工作。对于体育教学模式的分类主要依据体育教学的特点、体育教学的目的与任务，以及体育教学的组织形式。对体育教学模式进行分类，有助于更加深入地研究体育教学模式。

① 邵伟德，王恬．体育教学模式的分类与选用策略研究[J]．北京体育大学学报，2004，27（7）：947–949.

四、我国传统的体育教学模式

多年来，我国传统的体育教学模式在体育教学中发挥了重要作用。中华人民共和国成立以后，我国教育理论界引进了苏联的教育理论，将整个体育教学过程分为感知、理解、巩固、运用四个基本阶段，这个教学过程反映在体育课上就是以掌握运动技能顺序为主线设计的体育课堂教学程序，即“开始阶段（课堂常规、准备活动、专项准备活动等）→基本部分（技能学习和课堂练习）→结束部分（放松练习和讲评）”的教学程序，它也被称为“三段制”或“四段制”教学程序。这种教学模式能够较好地发挥教师的教学作用，也有利于比较系统地进行运动技术传授，并有利于学生在掌握运动技能的同时，达到锻炼身体的目的。因此，这种体育教学模式从中华人民共和国成立到“文化大革命”结束的相当长一段时期，一直占据着主导地位，形成一种惯例性的体育教学程序，以至于人们称这种体育教学程序为“传统的体育教学模式”或“传习式的体育教学模式”（毛振明，2005）。

传统的体育教学模式具备独特的优势，在我国体育教学中发挥了不可替代的作用。但是随着体育教学水平的不断提高和教学科研工作的进一步发展，体育教学工作者也在教学实践中发现了传统教学模式的不足。受凯洛夫教育理论的影响，传统的体育教学模式强调依据学生的认识规律和运动技能形成规律，教师向学生传授体育知识、技术和技能，重视教师的主导作用，教师设计、控制整个教学过程，学生自主学习空间比较小，大多是在教师的带领下完成学习任务，学生处于从属和被动地位，学生依赖于教师，在教师指导下按部就班地学习体育知识、技术和技能，接受教师的命令、要求和评定。传统的体育教学模式比较注重系统的运动技能传授，应该说这是一种系统教学的理论，主张遵循运动技能掌握的规律来安排教学过程。教学过程中的单元设计是以某一项运动技术教学为主线，以达到一定难度的标准来判断单元规模，多采用中大型单元，单元内的排列以技术的难易度为序。教学课的设计以某个技能的学习和练习为主线，注重练习的次数和必要的运动量安排，主张精讲多练。[①]教学过程主要遵循感知、理解、巩固、应用的认知规律和泛化、分化、定型、自动化的运动技能形成规律，通过教师的讲解、示范以及运用相应的直观教学手段，使学生有一定的感性认识；然后在教师的组织和辅导下经过反复的运动实践，即教师的反馈评价，使学生逐步掌握运动技能。我国传统的体育教学模式的教学效果取决于教师的运动技能水平、教学艺术水平、教学方法、手段运用的有效性和学生的学习自觉性及体育基础。注重对技能掌握效果的评价，将学生的技能掌握情况作为主要评价内容，评价方法采用技能学习后的终结性评价，评价主体为教师，评价内容较为单一，忽视了过程性评价。[②]

第三节 “运动教育模式”的基础理论与国内外研究

1982 年，西登托普（Siedentop）在 International Association for Physical Education in Higher Education（AIESEP，国际高等体育院校协会）会议上首次提出“运动教育”这一教学模式，并于 1994 年出版了运动教育方面的第一本书，此后“运动教育模式”作为一种可以替代传统体育教学的方式在世界范围内被广泛应用。经过多年的教学检验，目前，“运动教育模式”是这一领域中研究最为充分的教学模式。

一、“运动教育模式”相关理论

（一）“运动教育模式”的理论来源

“运动教育模式”是一种课程和教学模式，它是由美国俄亥俄州立大学已经退休的荣誉教授西登托普开创的。俄亥俄州立大学已经运用“运动教育模式”培训体育教师 30 多年，自从运用和推广“运动教育模式”之后，学校在培养体

① 毛振明．关于体育教学模式的研究[J]．广州体育学院学报，2000，20（4）：45.

② 蒋晓培．运动教育模式引入普通高校体育选项课的理论研究[D]．长春：东北师范大学，2006：14.

育教师的方式、方法上与以前相比有了根本性的改变，相应地，普通学校教授体育课的方式，也有了根本性的改变。“运动教育模式”是经过许多教学实验，在体育教学领域取得非常好的效果的课程和教学模式。经过几十年的发展，“运动教育模式”已经在全球许多国家推广开来。大量的实证研究结果表明：“运动教育模式”在美国、澳大利亚、新西兰及欧洲等国家和地区，在小学、初中、高中以及大学的体育课上都深刻地影响了学生、教师，以及体育课程系统。

“运动教育模式”的主要理论来源是游戏理论（Play Theory）和游戏教育（Play Education）。西登托普教授认为体育来源于游戏，体育的本质就是游戏。西登托普教授早年在其博士学位论文《学校体育中的课程理论》（“A Curriculum Theory for Physical Education in Schools”）中，在汲取游戏理论的基础上，曾重点论述过游戏教育理论。他作为当代运动目的论的主要倡导者，非常看重体育的游戏价值。他认为，游戏并不是一个微不足道的概念，它在心理学、社会学和历史学中有着丰富的内涵，并且足以证明体育的本质是什么，即体育就是让人们参与到游戏中来，并且受到别人的关注。当体育具备较强的游戏性时，对参与者的意义很大；而当体育失去游戏性时，参与者将明显减少。体育是发展了的游戏，是人类文化中健康与生命力的重要表征。当个人以正面且积极的态度投入体育时，体育将承担人类文化的社会化功能。因此，体育教学的目的是通过竞争性的、表现性的运动和比赛，提高人的品行和能力。[①]

（二）“运动教育模式”的概念

理解“运动教育模式”的概念，首先应该来了解一下美国体育研究者是如何看待体育与竞技运动的。美国乔治亚大学的布莱恩·麦克利克以及刘文浩对此有过大体的介绍：“在美国，体育（Physical Education）和竞技运动（Sport）既有所不同，又相互联系……美国并没有一个公认的体育定义，但一般认为，体育是整个教育系统的一个有机组成部分，其具体表现形式是体育课。西登托普教授对竞技运动（Sport）的定义是：竞技运动是由规则所制约的，由技术、

① 高嵘，杨慈州，张建华，等．当代运动教育探讨[J]．北京体育大学学报，2006，29（7）：969．

技能、战术所决定的游戏和活动。“运动教育模式”（Sport Education Model）是将竞技项目作为体育课的教学内容，重点是传授竞技项目的技能、知识、规则等。[①]

西登托普教授在2004年出版的《运动教育模式指南》（*Complete Guide to Sport Education*）中这样写道：运动教育模式是一种体育课程与教学模式，旨在让学生在体育、舞蹈和身体活动中获得真实、愉快的学习体验。[②]

美国俄亥俄州立大学出版的体育教育专业教科书《体育概论》（*Introduction to Physical Education，Fitness，and Sport*）中介绍“运动教育模式”时这样写道：该模型旨在让所有学生体验真实的竞技运动竞赛。[③]书中指出“运动教育模式”以竞技运动项目为体育课内容，所有学生都能够在体育课中通过多种方式学习该项运动。

世界权威的体育教育参考书《体育教育手册》（*The Handbook of Physical Education*）中收录了由加里·D.金钦（Gary D. Kinchin）撰写的文章《运动教育模式研究回顾》（“Sport Education: A View of the Research”），文章中这样介绍“运动教育模式”：运动教育模式是一种体育课程教学模式，它结合竞技运动的许多特点，努力为儿童、青少年提供学习体育文化、体验真实竞技运动的机会。[④]

几乎所有的英文文献与中文文献都没有对“运动教育模式”给出标准的定义，但是从以上相对权威的英文文献中，我们可以看出它们均强调了“运动教育模式”给学生带来真实的竞技运动体验。

---

① 魏立宇，杨薇，韩飞．“体育”不是“身体教育”质疑：兼论中国体育本质研究的症结[J]．体育学刊，2011，18（3）：5．

② SIEDENTOP D，HASTIE P A，VAN DER MARS H．Complete guide to sport education [M]．Champaign，IL：Human Kinetics，2004．

③ SIEDENTOP D．Introduction to physical education，fitness，and sport[M]．New York：McGraw-Hill，2005．

④ KINCHIN G D．Sport education：a view of the research[M] // The handbook of physical education，Los Angeles：Sage Publications，2006．

（三）“运动教育模式”的特征

图 1–3 说明了“运动教育模式”的主要特征。这些特征赋予体育教育特殊的意义，并使“运动教育模式”区别于其他的体育教学模式。在“运动教育模式”下，整个教学单元是一个赛季，学生在整个赛季始终归属于同一个队伍。正式比赛日程贯穿整个赛季，整个赛季的训练和比赛有序进行。随着赛季的推进，最后的比赛达到整个赛季的高潮，赛季的冠军也在这时产生。将赛季的所有成绩和平时得分都记录下来，作为赛季冠军的评判依据。体育课具有浓烈的节日欢乐氛围，特别是随着赛季的推进，这种气氛逐渐达到高潮。这种欢乐的氛围，增加了学生参与体育活动的意义，创造了一个令人兴奋的参与环境。

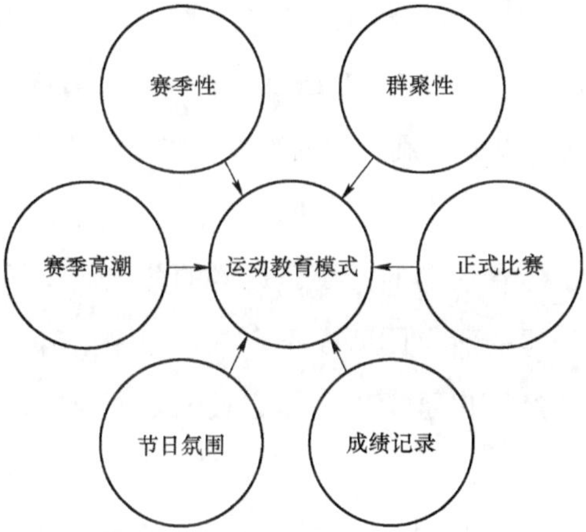

图 1–3 “运动教育模式”的主要特征

1. 赛季性

在“运动教育模式”下，整个教学单元是一个赛季。赛季要足够长，以保证学生能够完成重要的运动体验。一个赛季包含训练和比赛两部分内容，随着赛季的推进，最后的比赛达到整个赛季的高潮。赛季性是“运动教育模式”的重要特征，赛季的确切长度由体育课的节数和每节课的时间决定。在国外的教学研究中，研究者成功地在小学体育教学中设计并实施了长度为 12 节课的赛季，每节课 45 分钟；在高中体育教学中则成功地设计并实施了长度为半个学期的赛季，如果根据公开发表的相关论文确定“运动教育模式”赛季的标准长度，应该是 20～22 节课。这个结果可能是因为这次“运动教育模式”的全国性实验是在新西兰进行的，此次实验要求整个赛季至少由 20 节课组成，而当时当地的实际教学条件也在一定程度上决定了赛季的长度。

“运动教育模式”赛季的长度往往长于传统的教学模式。这是因为在赛季中，学生有更多的内容要去学习和完成，例如技术、战术、裁判法、成绩记录等，另外，培养学生成为比赛能力较强的参赛队员也需要花费时间。当学生的运动水平提高后，他们会享受比赛，获得自信，从而希望获得更大的提高。

2. 群聚性

“运动教育模式”下，所有学生被分成几组，在一个赛季中，学生始终在同一个团队中。1994 年，达内尔（Darnell）在小学体育教学研究中，将整个学年的体育课都按照固定成员分组，学生始终待在同样的团队中。这种分组，使学生的团队凝聚力加强，在课外和课间仍保持同样的团队和分组开展体育活动，从而大大促进了体育活动的开展。这样的分组，使学生在赛季中成为团队的一员，也使班级里的所有团队在整个学年中团结努力，争夺年度运动奖杯。这种团结合作的经历也是学生个体成长的重要内容，是积极的体育体验的重要方面。

在团队中，团队成员可以扮演不同的角色，并承担不同的任务。所以大部分学生在整个赛季中，不仅要以队员的身份为团队的胜利付出努力，而且他们也将扮演其他不同的角色，如统计员、管理者、培训员、教练，或者宣传员等。团队的成员之间会充满运动热情，相互支持帮助，同时，也不可避免地会产生摩擦和问题。正是通过这些摩擦和问题的解决，团队成员间相互磨合，责任心和包容心逐渐增强，学生在运动中逐渐成长，慢慢走向成熟。

3. 正式比赛

竞技体育的特征是由一系列训练和比赛组成整个赛季。正式比赛的形式是多种多样的，包括对抗赛、循环赛和联盟赛。比赛日程的安排通常在赛季开始就已经确定，所以每个队伍均能够充分地准备所有比赛，因此训练变得更加有动力，也更加有意义，因为每一场比赛都是赛季日程的一部分。随着赛季的推进，最后的比赛达到整个赛季的高潮，这也激励着学生努力为自己的团队做出贡献，促进他们的技术和战术能力达到更高的水平。

在“运动教育模式”下，整个教学单元是一个赛季。从最初的训练开始，整个赛程逐渐推进，直到最后的高潮部分。教师可以用不同的方式安排每一个赛季日程，同时赛季日程的安排也取决于赛季所选择的特定运动项目，例如，健美操的赛季安排就与篮球的赛季安排有极大的区别。

4. 赛季高潮

竞技体育的一大特性是在每个赛季都会决出赛季中表现最佳的单人或团体。在美国职业体育联赛和大学生体育联赛中就有很好的例子，美国全国大学体育协会篮球联赛、美国职业橄榄球大联盟联赛、美国职业棒球大联盟联赛都是美国全国性的重要赛事。“运动教育模式”中，赛季高潮能在班级里创造小规模的令人兴奋的事件与氛围，有些时候，赛季高潮甚至会在全校产生影响。整个赛季中，赛季高潮也会不断地激励各个团队的队员为本队争取更好的名次而努力，直到赛季最后。

赛季高潮的设计是多种多样的。它们可以是一个两天的田径比赛，也可以是一个三对三的排球比赛、一个团体的健美操比赛，或者一个篮球循环联赛。赛季高潮具有浓烈的比赛和节日氛围，所有学生和团队一起庆祝他们在赛季中取得的成绩，庆祝他们出色地完成了整个赛季的比赛。

5. 成绩记录

成绩记录主要有三个方面的作用：提供反馈、帮助确定新目标、评判赛季冠军。成绩记录包括很多种类和内容，不同的比赛会记录不同的内容，如棒球的击球率、射门次数、助攻次数、封杀次数、时间、距离、每场比赛的得分、投篮命中率、抢断篮板球次数等。成绩记录为各队和队员提供了非常有帮助的反馈。例如，如果一项记录显示一名队员短程冲刺的时间缩短了，那么就表明该队员的运动能力得到了提高；如果记录显示一个篮球队减少了失误，增加了抢断篮板球的次数，那么这就表明该队的运动能力得到了提高。记录也能帮助各队和队员发展新的目标。例如，在田径比赛中，已有的成绩记录能够帮助各队和队员设定目标，以达到更快、更远、更高。在体操比赛或冰上项目比赛中，当每个项目的成绩被记录和公布后，它们将成为运动员努力的标准。另外，成绩记录同时也是教师给予学生评价，以及评判赛季冠军的重要依据。在“运动教育模式”下，整个赛季的所有比赛的成绩以及各队平时的表现得分均被记录下来，并最终累积到赛季积分系统中，用来评选赛季冠军。

6. 节日氛围

竞技体育欢乐的节日氛围在世界各地各项运动中都能看到，如在美国，从美国职业橄榄球大联盟联赛，到美国各地的星期五之夜的高中联赛；从奥林匹克运动会的盛况，到美国各州的田径总决赛；从足球世界杯，到星期六下午的社区青年足球比赛。竞技体育的节日氛围，不断刺激参与者，令参与者兴奋，使参与比赛变得意义重大，而且使单纯的体育比赛与整个社会密切联系在一起。在“运动教育模式”下，教师利用多种手段和因素，努力使欢乐的节日气氛贯穿整个赛季。例如，在赛季中设计每个队伍的名称，选择每个队伍的代表颜色、图片；定期关注和公布每个队及个人的表现；庆祝公平竞争；在校园内为整个赛季进行宣传等。在美国中西部的一所学校，一名体育教师为所有的班级制作了整个赛季每周的最精彩比赛的视频，视频在学校餐厅里循环播出，成为一个非常有效的宣传手段。

赛季性、群聚性、正式比赛、赛季高潮、成绩记录和节日氛围，这些是“运动教育模式”的主要特征，也是竞技体育的重要特征。而在传统的体育教学课堂中很难模仿和复制这些竞技体育的特征，这也是许多体育课不够完善、不能给学生真实的竞技体育体验的原因（Daryl Siedentop，2004）。

（四）“运动教育模式”的教学目标

“运动教育模式”的教学目标分为总体目标和具体目标。“运动教育模式”

的总体目标是全力培养学生成为优秀的运动者，使他们成为有能力、有文化、有热情的运动者。那么，怎样才是有能力、有文化、有热情的运动者呢？

1. 有能力

有能力的运动者是指具备足够的参与运动的技术和技能，能够在比赛环境中有较好的发挥，并且具备运动知识的运动者。有能力的运动者能够在竞赛环境中有灵活自如、充满信心的良好表现。只有当学生参与比赛，他们才能体会比赛环境下的心理状态，才能知道如何在比赛中更好地展示技术、表现自己，从而在比赛中轻松自如地发挥，并充满自信地赢得比赛。在帮助青少年养成终身体育习惯的过程中发现，许多学生不愿参加体育活动，问题的关键在于他们从没有参与过真实的比赛，更没有体会过如何在真实的比赛环境中发挥自如，表现得充满信心。

2. 有文化

有文化的运动者是指了解该项运动，尊重比赛规则和传统惯例等的运动者。不管是在学校、社区的体育运动中，还是在电视转播的体育比赛中，无论是作为运动员还是观众，都要使学生既是积极的参与者，又懂得如何欣赏比赛，能够辨别运动员在比赛中的各种表现，使学生成为有文化的运动者，更加积极、理智、安全地参与到运动中来。

3. 有热情

只有热爱体育，对运动充满热情，才能时刻以身作则，积极推动体育文化事业的发展，无论是对于地方的体育文化，还是国家的体育文化都是如此。对某项体育项目充满热情的人，总是愿意长期参与这一项体育运动，因为他们已经体验到了参与的乐趣。通过积极参与体育运动，这些参与者也会深深影响他们周围的人，以及他们的下一代，并使他人体验到参与体育运动的乐趣与益处，从而也使该项运动能够不断地繁荣发展。“运动教育模式”旨在使学生在体育课上获得该项运动的技能和知识，真正热爱这项运动，并成为体育运动的推动者。

以上三个总体目标不仅仅涉及学校教育中的青少年体育教育，而且对于一个国家国民体质健康和全民体育文化发展都有深远的意义。长期的总体目标的达到有赖于短期具体目标的不断实现。“运动教育模式”的具体目标是通过学生在赛季中的学习与体验，在“运动教育模式”的每个赛季中具体实现的。它包括十项具体目标：发展运动技术与专项身体素质；培养战术意识，并在比赛中合理运用战术；使学生在符合自身发展水平的基础上参与学习与比赛；分担角色任务，培养责任感；发展领导能力；增强团队凝聚力；重视项目规则和惯例；发展公平竞争意识；开发学生的执裁能力和执教能力；培养学生终身体育的观念（Daryl Siedentop，2004）。

二、国外学者对“运动教育模式”的研究

从 20 世纪 80 年代开始，经过近 30 年的发展，现在“运动教育模式”在大洋洲、北美洲、欧洲等地的发展和实践运用已经非常成熟。2005 年，沃尔（Wallhead）和奥沙利文（O'Sullivan）基于对 28 篇以实验研究为基础的文献的分析，发表了对“运动教育模式”的研究回顾。在回顾中，作者肯定了该模式的某些优点，特别是其连续的团队会员身份有利于学生参与到以学生为中心的学习任务中来。但是在其他方面，例如学生领导技巧方面，被认为存在潜在的问题。同时，该回顾对未来的研究提出了很多意见与建议。[①]2011 年 4 月，著名学者彼得·A. 黑斯特（Peter A. Hastie）等在《体育教育与运动教育学》（*Physical Education and Sport Pedagogy*）杂志上又发表了对“运动教育模式”的回顾研究。研究涉及 38 篇以实验研究为基础的文献资料。38 篇文献资料中，实验地点大部分在美国，占 41%；另外有相当一部分在英国和爱尔兰；与 2005 年以前不同的是，2005 年以后，非英语国家的研究也开始出现，其中俄罗斯有 7 篇，韩国有 1 篇。以初中生为实验对象的有 20 篇，以高中生为实验对象的有 11 篇，另外有极少数以小学生为实验对象。研究中进攻类项目占 75%，隔网类项目占 19%。研究方法以定性研究为主的有 23 篇，定量研究为主的有 12 篇，另有 5

---

① WALLHEAD T，O'SULLIVAN M. Sport education：physical education for the new millennium[J]. Physical education and sport pedagogy，2005（2）：181–210.

篇同时使用了定性和定量相结合的方法。研究发现，与以往相比，“运动教育模式”的实证研究运用在了更多运动项目和更多国家中，而且趋向于更加成熟的实验设计，并使用更大的样本量。同时，更多的研究需要在某些领域进行，例如同伴指导、从学校体育到社区体育的迁移等方面。[①]

（一）“运动教育模式”对学生健康水平的影响

沃尔和奥沙利文在2005年的文章中指出，在2005年以前的所有研究中，关于“运动教育模式”对学生健康水平影响的研究是最少的，事实上，只有黑斯特和特罗斯特（Trost）在2002年发表的一篇文章是以学生健康水平为研究中心的。[②]2009年，黑斯特等在以障碍跑为教学内容的研究中发现，通过“运动教育模式”教学，学生在有氧心血管耐力跑测试（PACER）中取得了重要的进步。值得注意的是，这个研究选用的运动项目是障碍跑，障碍跑的核心任务就是提高心血管耐力。目前，在其他运动项目中，在研究“运动教育模式”对学生健康水平的影响方面，仍然存在不足。[③]

与黑斯特和特罗斯特在2002年的研究相似，2005年帕克（Parker）和柯特纳·史密斯（Curtner-Smith）使用体能教学时间观察系统（SOFIT）研究学生的身体活动状况。这次研究最大的发现是，学生在“运动教育模式”中只有36.6%的时间达到了中高强度活动水平（MVPA），而在传统的、以练习为主的教学模式中学生的中高强度活动水平时间略高于50%。然而，我们必须看到在该研究中，赛季设计得非常短，10节课，每节课30分钟，再加上5节课的比赛课程，而且是由实习教师教授。而黑斯特和特罗斯特在2002年的研究中，赛季长达22节课，课程由经验丰富的教师教授，整个赛季学生的中高强度活动水平达到

① HASTIE P A，DE OJEDA D M，CALDERÓN A. A review of research on Sport Education：2004 to the present[J]. Physical education and sport pedagogy，2011（2）：103–132.

② HASTIE P A，TROST S G. Student physical activity levels during a season of sport education[J]. Pediatric exercise science，2002（1）：64–74.

③ HASTIE P A，SLUDER J B，BUCHANAN A M，et al. The impact of an obstacle course sport education season on students' aerobic fitness levels[J]. Research quarterly for exercise and sport，2009（4）：788–791.

了 60%以上。[①]

（二）“运动教育模式”对学生技术水平与战术能力的影响

自 2004 年以来，一共有 4 篇文章研究“运动教育模式”中学生技能发展情况。2004 年布朗（Browne）等发表的文章和 2008 年普里查德（Pritchard）等发表的文章均对“运动教育模式”和传统教学模式教学效果进行了对比。在布朗的文章中，研究结果表明两种教学模式中，学生在比赛知识和技术方面均获得了重要的进步。另外，在“运动教育模式”中，学生感知学习（Perceived Learning）的意识增强，他们也能更好地理解比赛。[②]

2008 年，普里查德等在以排球为研究项目的文章中也指出，“运动教育模式”下，学生在项目知识水平方面有显著提高。与 2004 年布朗等获得的研究结果不同，普里查德等在该研究中未发现学生技能测试分数的提高，却发现学生比赛质量得到了提高，特别是学生能正确地决定采用某种击球技术，并能准确地执行，从而提高了技术的准确性。[③]与该项研究相一致的是，黑斯特等于 2009 年在俄罗斯八年级的学生中运用了“运动教育模式”，研究表明学生在“正确决定”和“准确执行”两方面都得到了提高。另外，在该研究中，学生也在控制球和击球的攻击性等羽毛球技术测试方面取得了显著的提高。[④]

2009 年，通过使用布洛姆维斯特（Blomqvist）等 2000 年研制的评估量表，黑斯特等研究者通过让学生观看羽毛球比赛的录像，测试了学生的战术意识，该研究结果表明学生选择战术方法的能力得到了大大提高。黑斯特等研究者在 2006 年的研究中，也测试了学生战术理解能力的发展。作者在“运动教育模式”

① PARKER M B，CURTNER-SMITH M D. Health-related fitness in sport education and multi-activity teaching[J]. Physical education and sport pedagogy，2005（1）：1–18.

② BROWNE T B J，CARLSON T B，HASTIE P A. A comparison of rugby seasons presented in traditional and sport education formats[J]. European physical education review，2004（2）：199–214.

③ PRITCHARD T，HAWKINS A，WIEGAND R，et al. Effects of two instructional approaches on skill development，knowledge，and performance[J]. Measurement in physical education and exercise science，2008（4）：219–236.

④ HASTIE P A，SINELNIKOV O A，GUARINO A J. The development of skill and tactical competencies during a season of badminton[J]. European journal of sport science，2009（3）：133–140.

的理论框架下，采用了问题解决、指导发现等策略，该研究发现学生能够理解、重视、执行大量基本的战术；学生也理解重要的原则、规则、比赛组织方法及其重要性，并能够将它们移植运用到其他运动项目中。[①]

（三）“运动教育模式”对学生社交能力的影响

在文章中，沃尔和奥沙利文指出，在“运动教育模式”的运用中，课堂权力与责任从教师向学生的转移还存在一些困难，例如学生角色责任的执行等，特别是被赋予职责的学生不应疏远或压制其他的队员。随后的研究则在这方面得出了不同的结论，例如，在 2008 年皮尔（Pill）的研究中，教师认为“运动教育模式”更能激发学生的学习动机，包括那些平常参与积极性特别低的学生。[②]此外，2004 年金钦等的研究表明，学生在“运动教育模式”中具有很强的团队归属感，证据表明，团队作为一个重要的因素，促进了学生的课堂表现。[③]

但是，2009 年布罗克（Brock）等在深入研究中发现，大量的证据表明不是所有的学生都能表达自己的选择。通过在整个赛季中观察一个团队的所有社交活动和决定，布罗克等研究者清楚地发现，在团队中，具有更高社会地位的学生控制着团队的社交活动。在这种情况下，外形出众、有吸引力的学生总是具有较高的地位，在课堂之外的体育活动中也是如此。[④]这种发人深省的研究结果促使我们思考如何打破这种不平等，教师如何创造一种学习氛围，使学生能够通过平等的交往和参与，获得身体活动、认知和社交能力方面的提高。尽管有些教学研究已经肯定了“运动教育模式”可以促进更多学生平等地参与进来，例如 1999 年恩尼斯（Ennis）等的“和谐体育”，2000 年黑斯特等的“激

---

① HASTIE P A，CURTNER-SMITH M D．Influence of a hybrid sport education-teaching games for understanding unit on one teacher and his students[J]．Physical education and sport pedagogy，2006（1）：1–27.

② PILL S．A teachers’ perceptions of the sport education model as an alternative for upper primary school physical education[J]．ACHPER Australia healthy lifestyles journal，2008（2/3）：23–29.

③ KINCHIN G D．A survey of year 9 boys’ perceptions of sport education in one English secondary school[J]．The bulletin of physical education，2004，40（1）：27–40.

④ BROCK S J，ROVEGNO I，OLIVER K L．The influence of student status on student interactions and experiences during a sport education unit[J]．Physical education and sport pedagogy，2009（4）：355–375.

励体育”，但是在能否有效地促进所有学生参与等领域，“运动教育模式”仍然有研究空间（Peter A. Hastie，2011）。另外，不可忽视2009年布罗克等学者的研究设计中还包括违背“运动教育模式”目的的因素，如没有让所有人参与比赛。尽管教师观察到大部分学生以公平平等的方式相处，或者大部分学生以积极的态度对待队员间的关系，但必须注意部分学生并没有话语权。未来，“运动教育模式”应更加注重团队合作方面的研究（Shane Pill，2008）。

（四）“运动教育模式”对学生运动热情的影响

“运动教育模式”对学生运动热情的影响已经有大量的研究。许多研究逐渐开始在非英语国家和地区进行，例如2006年黑斯特等在俄罗斯的研究，2006基姆（Kim）等在韩国的研究。他们的研究都表明，使用“运动教育模式”提高了体育教育对学生的吸引力。这些研究显示，不受地点的限制，学生都很享受参与到体育课中，在课上他们得到了更多的关注，同时他们也认真对待体育课（Shane Pill，2008）。

在英语国家，研究者将研究重心从一般性的描述转移到客观的解释说明上。例如，在2008年麦克费尔（MacPhail）等的研究中，研究者搜集了大量学生对于乐趣（Fun）和愉快（Enjoyment）两个概念的综合理解，并使用了访谈和大量的心理学方法进行研究。他们发现，学生认为“运动教育模式”非常有意思，使人愉悦，并且促进和发展了团队凝聚力，学生自我管理的意识也得到了增强。除了这些，学生对于成功的理解也得到了改变，许多学生认为他们在该项目的身体运动能力和心理能力方面都得到了提高，学生具备了更多的战术意识。①

2009年，金钦等研究者将研究重点放在赛季的高潮部分。通过研究考察学生和教师对于“运动教育模式”中赛季高潮的观念与看法，他们发现，在赛季前期，学生对于庆祝活动的兴奋程度和预期效应存在不确定性；而在庆祝活动之后，学生关注他们团队的表现，积极地谈论他们共同学习的美好记忆。教师

① MACPHAIL A，GORELY T，KIRK D，et al. Children's experiences of fun and enjoyment during a season of sport education[J]. Research quarterly for exercise and sport，2008（3）：344-355.

认为庆祝活动的成功之处在于激发学生的学习兴趣，使学生渴望通过积极练习战胜对手，获得成功。①

新的方法学也被用来研究学生的观念与看法。2004 年麦克费尔和金钦的研究和 2006 年莫林（Mowling）等的研究都运用了绘画的方法研究年轻学生对“运动教育模式”的体验和理解。在麦克费尔和金钦的研究中，学生表现最多的是学习中的乐趣、凝聚力和归属感。②莫林等的研究拓展了研究设计，包含了更多的、更加广泛的分析系统，以及多维数据分析点。③在 2004 年的研究中，被描绘最多的是团队凝聚力和庆祝活动，以及正式比赛；而在 2006 年的研究中，在赛季的后半阶段，许多学生认为获胜是主要的目的。在以上两个研究中，我们所获得的最关键的信息是绘画提供了大量的信息，但是仅仅在绘画伴有语言或文字叙述时才发挥作用（Peter，2011）。

（五）“运动教育模式”对学生价值观的影响

“运动教育模式”的主要组成部分是“公平竞争系统”。赛季冠军由多因素决定，而不是由一次胜负决定，这样有助于加强体育体验的教育价值，这也正是“运动教育模式”的创始人西登托普所倡导的。公平竞争的目的应该在赛季中被反复强调，这在研究中已经得到了证实。2006 年莫林等的研究发现，随着赛季进行到后期，赢得比赛成为学生的主要目的。2007 年布罗克和黑斯特的研究也表明，尽管赛季开始时，队员们会反对技术好的学生上场时间长于其他学生，但是随着比赛的进行，特别是到了赛季后期，如果比赛非常激烈，赢得比赛存在风险，其他学生也认为应该让技术好的学生多上场比赛。因此，作者建议在未来的“运动教育模式”中，应该让年轻的学生将更多的注意力放在公平

① KINCHIN G D, MACPHAIL A, NI CHROININ D. Pupils' and teachers' perceptions of a culminating festival within a sport education season in Irich primary schools[J]. Physical education and sport pedagogy，2009（4）：391–406.

② MACPHAIL A，KINCHIN G D. The use of drawings as an evaluative tool：students' experiences of sport education[J]. Physical education and sport pedagogy，2004（1）：87–108.

③ MOWLING C M，BROCK S J，HASTIE P A. Fourth grade students' drawing interpretations of a sport education soccer unit[J]. Journal of teaching in physical education，2006（1）：9–35.

竞争和所取得的成就上，而不是简单的输赢。[①]

2009 年维多尼（Vidoni）和沃德（Ward）在研究中设立公平竞争行为标准和范围，并考察哪些公平竞争行为标准的干预能够引导赛季中公平竞争行为的发生。研究结果表明，公平竞争行为标准对于增加学生活动参与性有积极的作用，然而，对于培养学生互助行为的作用不太大。但是从积极的方面来说，公平竞争行为标准降低了学生之间伤害行为的发生概率。[②]

三、我国学者对“运动教育模式”的研究

国内关于“运动教育模式”的文献较少，研究深度不够。笔者分别以“Sport education”和“运动教育模式”为关键词，在中国知网上进行检索，发现与“运动教育模式”相关的中文文献均发表在 2004 年以后，这表明国内关于“运动教育模式”的研究开始于 2004 年 10 月西登托普教授来华讲学之后。近年来，国内学者对“运动教育模式”的研究有所增加，包括理论研究与实验研究，其中在核心期刊上发表的文献较少；涉及的运动项目包括武术、田径、篮球、乒乓球、健美操、排球、羽毛球、足球；实验研究对象分别为初中生、高中生、大学生。值得注意的是，我国研究对象以大学生为主，高中生、初中生较少，这与国外研究情况恰恰相反；国外研究以初中生为主，大学生相对较少，这主要是因为“运动教育模式”最初大量基础性研究是在国外中小学中开展的。另外，我国小学体育课程设置现状，以及中学体育中考的现实情况，也可能导致目前阶段在我国中小学体育课中运用“运动教育模式”的较少。目前，我国研究者主要对“运动教育模式”与传统教学模式进行比较，包括从形式到内容的比较，以及学生在不同教学模式中所获得的知识、技能等方面差异的比较。

“运动教育模式”的英文名称为“sport education model”，或者更为复杂的

---

① BROCK S J，HASTIE P A．Students' conceptions of fair play in sport education[J]．Sport education，2007（1）：11–15．

② VIDONI C，WARD P．Effects of fair play instruction on student social skills during a middle school sport education unit[J]．Physical education and sport pedagogy，2009（3）：285–310．

“sport education curriculum and instruction model”。我国体育学者多把“Sport Education Model”译为“运动教育模式”“竞技运动教育模式”等，见表 1–2。

表 1–2　中文名称表述情况统计

序号	中文名称
1	运动教育模式
2	竞技运动教育模式
3	SE 模式
4	Sport Education 模式

绝大多数的国内文献将“sport education model”的中文名称界定为“运动教育模式”。在本研究的所有论述中均采用“运动教育模式”的名称。

第四节　小　　结

综观国内外的研究，人们对教学模式一系列基本问题的认识仍然众说纷纭。显然，加强对教学模式有关基本理论问题的研究，仍然是必要的。人们对教学模式概念认识的分歧，说明对教学模式的实质和定位等基本理论问题有待进一步进行深入研究。尽管人们对教学模式的概念界定不一，但对教学模式结构的认识基本趋向一致，教学模式的基本要素主要包括理论基础或指导思想、教学目标、教学策略或教学方法、教学程序、教学评价、教学环境或辅助条件等。综合分析可以看出，研究者对教学模式的分类不尽相同。人们对教学模式的不同分类，表明分类的依据和角度有差异，也隐含着对教学模式特性的不同认识。

虽然体育教学模式的概念表述不尽相同，但是体育教学模式的所有概念所反映的本质是一样的：体育教学模式组织和调控体育教学活动，以一种成熟的理论指导实践，同时又以大量的实践经验丰富理论，是理论与实践的中介和桥梁。综合分析可以看出，体育教学模式如同一个可控制的开放系统，在这个系统中包含了教学思想、教学目标、结构程序、教法学法、评价体系、教师学生、课程教材、设备器材等诸多要素。对体育教学模式进行研究就是对体育教学活动中各要素之间组合的整体设计与控制，各要素是构成体育教学模式的重要组成部分。我国体育科研工作者对体育教学模式的分类进行了大量的研究。对体育教学模式进行分类，有助于更加深入地研究体育教学模式。对于体育教学模式的分类主要依据体育教学的特点、体育教学的目的与任务，以及体育教学的组织形式。

“运动教育模式”的三个目标包括：培养具有参与身体活动能力的运动员；培养理解和尊重规则、礼仪和运动传统的具有文化修养的运动员；培养信奉运动文化，并以实际行动支持和维护这些文化的充满激情的运动员。这三个目标被转化成十个教学任务，使参与“运动教育模式”的学生能够做到：发展技能和体能；欣赏并能够执行具体的比赛战术和策略；参加适合自己身心发展规律的身体活动；进行身体活动的筹划和管理；培养负责任的领导能力；有效地进行团队合作，达到共同目标；欣赏那些赋予运动独特意义的礼仪和习俗；培养当身体活动中发生社会问题时做出理智决定的能力；学习和应用裁判、仲裁和训练的知识；在校外也能够参与到竞技运动和身体活动中。①

① 李卫东，汪晓赞．体育课程教学模式[M]．北京：高等教育出版社，2018．

第二章

我国普通高校“运动教育模式”的理论构建

随着国内外体育教学和体育课程改革的不断深化，我国普通高校正在不断探索研究新的体育教学模式，以适应时代发展的要求，努力培养新型的符合国家需要的高等教育人才。在普通高校体育教学中探索运用“运动教育模式”，是促进体育教学改革与创新的重要内容，深入分析“运动教育模式”理论，构建我国普通高校“运动教育模式”的理论体系，是下一步进行“运动教育模式”教学改革实验的理论基础，对体育教学改革的深入推进具有非常重要的作用。

第一节　德尔菲法的运用

德尔菲法（Delphi Method），是由调查者拟定调查表，按照规定程序通过函件征询专家组成员意见，专家组成员之间通过调查者的反馈材料匿名地交流意见，经过若干轮反馈，逐渐集中专家们的意见，最后获得有统计意义的专家集体判断结果。目前，德尔菲法已成为预测及评价研究领域最常用的方法之一。[①]

① 袁勤俭，宗乾进，沈洪洲. 德尔菲法在我国的发展及应用研究：南京大学知识图谱研究组系列论文[J]. 现代情报，2011，31（5）：3.

本研究采用了德尔菲法，获得来自专家群体就“运动教育模式”相关主题的观点，通过文本分析将所获得的专家群体的相关描述进行归类整理，以得出专家群体描述与表达的核心词汇，进一步总结归纳出不同专家在同一指标表述上的共同观点。最终通过层次分析确定我国普通高校“运动教育模式”理论体系中各项指标的权重，将复杂的决策思维过程通过模型实现量化的表达。

一、德尔菲法的步骤

本研究采用德尔菲法，构建我国普通高校“运动教育模式”的理论体系。具体步骤包括以下几个。

1. 组成专家小组

专家人数的多少，可根据问题的难易和涉及面的宽窄而定，德尔菲法中专家人数建议为10～50人。本次调查专家咨询组成员共10人，均为国内外课程与教学论、学校体育、运动教育模式、健美操教学方面的专家，所有发放的专家调查表全部收回，且全部有效。

2. 编制专家调查表

根据体育教学模式构成要素，对“运动教育模式”与我国普通高校健美操教学进行综合分析，构建出我国普通高校健美操“运动教育模式”各级指标与具体内容。

3. 分轮咨询

经典的德尔菲法一般需要经过四轮咨询。当然，只要专家的意见已经趋向一致，就可以结束咨询，而不必一律采用四轮的模式。本次调查采用的是两轮咨询。

第一轮：发放“我国普通高校健美操‘运动教育模式’理论构建专家调查评分表（一）”（见附录一），向专家详细说明每一项内容的具体含义，避免理解误差，并保证专家评分不受他人影响，请他们根据自己的学识和经验填写调查评分表，要求专家按照“不重要”“一般重要”“重要”三个等级，对我国普通高校健美操“运动教育模式”理论构建体系中的所有条目及其内容进行判断，收回调查评分表后对结果进行统计分析，求出各条目等级和、变异系数，并根据统计结果删除不需要的条目，补充认为重要但没有出现在体系中的条目，合并有重叠的条目，并对各条目的具体内容进行修改。

第二轮：发放修改后的“我国普通高校健美操‘运动教育模式’理论构建专家调查评分表（二）”（见附录二），要求专家对修改后的所有条目及其内容的重要性进行判断，重要性分为“不重要”“不太重要”“一般重要”“比较重要”“非常重要”五个等级。收回调查评分表后再次对结果进行统计分析，求出各条目等级和、变异系数，并根据统计结果进行综合处理，得出最终调查结果。

二、相关统计指标

1. 等级和（S_i）

等级和代表某条目专家评价的总得分，是描述条目重要性的指标。等级和的分值越大，则提示该条目在体系中的地位越重要。在第一轮咨询指标中，将“不重要”“一般重要”“重要”分别赋值为 0、1、2，当 $S_i \leqslant n/2$ 时，表示在体系中不需要该条目，予以删除。在第二轮咨询指标中，将“不重要”“不太重要”“一般重要”“比较重要”“非常重要”分别赋值为 1、2、3、4、5，当 $S_i \leqslant 2n$ 时，表示在体系中不需要该条目，予以删除。

$$S_i = \sum_{j=1}^{n} R_{ij}$$

S_i 表示 i 条目的等级和，R_{ij} 表示 j 专家对 i 条目的评价等级。

本研究中，专家咨询组成员共 10 人，$n=10$。那么在第一轮咨询中，删除 $S_i \leqslant 5$ 的条目，例如：在调查我国普通高校健美操“运动教育模式”的构成要素时，删除了“体育教学内容”“体育教学条件”“理论基础”这三个条目。在第二轮咨询中，删除 $S_i \leqslant 20$ 的条目。当所有条目 $S_i > 20$ 时，表明各个条目都是体系中不可或缺的。

2. 可信性检验

可信性检验即专家意见协调程度。专家意见协调程度可以用来判断专家对条目是否存在较大分歧，采用变异系数 CV 进行检验。变异系数说明专家对 i 条目评价相对重要性的波动程度，或者说是协调程度，其值越小，说明专家之间的协调程度越高，其可信度也越高。反之，则可信度低，说明专家意见分歧较大，数据不可信，需要再次修改，然后再征询专家意见，直到可信度达到要求，故可信。[①]

$$CV_i = \frac{\sigma_i}{M_i}$$

σ_i 表示 i 条目的标准差，M_i 表示 i 条目的算术平均值。

在本研究两轮专家咨询中，均求出各条目的变异系数 CV，对 $CV > 0.8$ 的条目结合专家意见进行修改，例如：在第一轮调查我国普通高校健美操“运动教育模式”的构成要素时，将“教学方法系统”改为“教学策略系统”，将“教学操作程序”和“教学过程”合并为“教学过程结构”，将“体育教学效果评定”改为“教学评价系统”；当 $CV < 0.2$，表明专家之间的协调程度非常高，结果有比较高的可信度。

第二节　我国普通高校“运动教育模式”的教学目标体系

首先来看教学模式与教学目标的相互关系。教学目标和教学目的类似，也即我们常说的教学任务，都是指通过教学所要争取达到的效果。教学目标有长远目标和近期目标之分。国外较有影响的教学目标理论包括布卢姆的教育目标分类理论、加涅的教学目标分类理论和广冈亮藏的教学目标理论。可以认为，教学模式是在特定目标指导下，为完成特定任务而产生的，不同的教学目标产生不同的教学模式，某一模式是为某一目标服务的，评价某一模式的优劣，以最后是否达到教学目标为依据。教学目标既是教学模式的出发点，也是教学模式的归宿（赵立，2000），“运动教育模式”亦是如此。

① 苏捷斯．基于德尔菲法的国际金融中心评价指标体系构建[J]．科技管理研究，2010（12）：61．

学生是否能在大学这个特殊而重要的阶段接受优质的健美操教学呢？我们希望通过健美操课的教学，培养什么样的人才，培养学生哪方面的能力，从而使他们更好地去迎接步入社会后的人生呢？如何使学生在健美操课上的学习中表现得更好呢？他们是否能真正了解健美操这个运动项目，并认识到它的价值？怎样才能使学生在健美操课结束后，在校外仍然继续参与健美操运动？如何使学生在青少年体育活动、学校体育活动、社区体育活动中辨别健美操动作质量？怎样使学生参加当地的健美操组织，促进健美操运动更好地为儿童、少年、成人服务？这些问题的答案能够在“运动教育模式”的培养目标中找到。根据教育部颁发的指导纲要中所提出的五个方面的课程目标，结合德尔菲法分析结果，本研究将我国普通高校健美操“运动教育模式”的培养目标体系归纳为以下几个方面。

一、发展运动技术与专项身体素质

目前，我国普通高校健美操课程内容普遍依据中国健美操协会审定的《全国健美操大众锻炼标准（第 3 套）》。该标准依据有氧运动的规律，结合国际有氧运动发展趋势，针对我国大众健身具体情况而设计。在创编中遵循了有氧、安全、简单易学、循序渐进和提高身体基本素质的原则，适合不同年龄和不同体能人群的需要。通过练习，锻炼者的体能水平逐渐得到提高，同时增加对健身知识的认识和了解，提高锻炼的兴趣，从而达到健身、健心的目的。我国普通高校健美操“运动教育模式”的首要目标，就是要通过运用“运动教育模式”，发展学生的健美操技术与专项身体素质，具体包括准确地掌握动作技术、保持较好的身体姿态、具备良好的协调性、动作有力度、动作与音乐协调配合，并体现出音乐的情绪等方面，同时具备在健美操比赛中始终确保技术良好发挥的各项身体素质。[①]

① 全国健美操大众锻炼标准：第 3 套[S]．北京：中国健美操协会，2009.

二、增强战术意识

具备战术意识，并在比赛中合理运用战术是“运动教育模式”强调的重要方面。传统的体育教学重在传授技术，而战术的学习是弱项。战术是指运动员或各队在比赛中为取得比赛胜利而运用的计谋或方法。根据项群训练理论，健美操属于技能主导类表现难美性项群，难美性项群项目的战术运用是建立在技术的高度发展和熟练的基础上的，战术运用的合理将保证技术发挥得更充分。健美操项目的战术运用主要特征包括动作编排上扬长避短、合理布局动作、全力争取规定动作比赛或预赛的成功。健美操教学中，在规定动作的基础上，可以适当增加自选动作的比赛，例如要求各队对成套动作的开始和结束部分进行编排，组成自选动作的主要战术原则是：扬长避短，突出“绝招”，以给裁判员和观众留下最佳印象，从而争取最好的得分。在“运动教育模式”中，多把每场比赛的得分计入最后成绩中，因此学生在比赛中提高规定动作的成功率、保证发挥最好的水平，不仅可以为最后的胜利奠定基础，同时也会给裁判员、观众留下良好印象，从而扩大影响，增强信心，给对手以心理上的压力，具有重要的战略意义。[①]在“运动教育模式”下，学生可以学习基本的比赛战术，参与健美操比赛，从而真正理解健美操运动项目。

三、理解项目规则

在“运动教育模式”中，学生将承担裁判员的工作。这个目标强调“运动教育模式”的教学目的不仅仅是让学生学习运动技术和战术，而且是使学生更加深刻地理解这项运动；反之，理解健美操规则，能帮助学生更加准确地掌握健美操技术。在传统体育教学中，体育教师很少甚至没有对学生进行体育规则方面的知识传授；在“运动教育模式”中，如果学生不了解规则，他就不能成为很好的裁判员，参赛者也会对裁判员执裁能力做出判断。赛季中产生的这种

① 田麦久．项群训练理论[M]．北京：人民体育出版社，1998．

责任感使学生非常认真地学习规则，他们学着在比赛中做正确的决定，而不仅仅是在试卷上写一个正确的答案。学生对规则的理解更加完整和真实，而不是仅从表面理解。因为学生会在每个赛季中担任裁判员，所以他们会意识到好的裁判员对于好的比赛的重要性，也意识到裁判员的任务是如此艰巨。这种意识可以使学生具备更加客观的评判观点，使他们更加体谅裁判员、尊重裁判员。

四、提升责任感

在“运动教育模式”中，学生要扮演不同的角色，例如队长、教练、健身指导、裁判员、记分员、宣传员、音乐策划员等角色，并承担相应的责任。为了使赛季获得成功，学生必须具备高度的责任感，努力完成各自的职责，例如器材管理者必须确保运动器材总是在正确的时间放在正确的位置。如果学生没有机会在体育课中扮演不同角色，承担重要责任，成为有责任感的人，那么学生也不可能成为有知识、有热情的体育人。显而易见，每个队的成功，每个赛季的成功，都依靠学生高度的责任感。在“运动教育模式”中形成一个内在的责任监督系统，从而使学生认真地对待他们的任务与责任，提升责任感。

五、培养领导力

在传统的体育教学中，学生唯一要做的是遵守课堂常规，做教师让他们去做的事情，在这种教学状态下，学生不能成为独立的有责任心的队员，也不能成为体育活动中的领导者。而在“运动教育模式”中，通过扮演不同角色，学生在完成各自职责的过程中，也锻炼了领导能力。例如，学生教练与队员一起工作，安排队员参加不同水平和场次的比赛，带领队员热身，组织集体练习，解决任何可能发生的冲突；队长必须督促队员坚守在各自的岗位上；裁判长务必确保裁判员、记分员准时到达比赛场地，以保证比赛按时进行。不是每个学生在每个赛季都会成为学生教练、队长、裁判长等，但是如果统筹规划好整个大学阶段的体育课教学，通过几个学期的体育课，每个学生都将能够被安排承担一项或者两项角色。因此，通过“运动教育模式”，教师可以帮助学生学习如何领导其他人，教师可以通过让学生从完成小的领导任务开始，然后逐渐拓宽任务的范围，以逐渐发展和提升学生的领导能力。

六、增强团队凝聚力

在“运动教育模式”下，学生在整个赛季中都保持同一个团队的队员身份，他们在同一个团队里，为了共同的目标而努力工作。在美国学校体育课教学中，通常情况下，学生的队员身份每个赛季变化一次，但是有的学校也让学生在整个学期，甚至整个学年中始终都在同一个团队中，从而使学生学会在一个团队中为了达到共同的目标而努力。在“运动教育模式”中，赛季和分组的特点创造了一种氛围，促成了团队协作、共同完成任务的教学目标。在“运动教育模式”中获得的成功是以集体为单位的成功，只有每个队员都努力为团队做出贡献，整个团队才能获得成功。最吸引队员的是，队员们为了团队的成功相互支持、相互帮助。赛季中，选定队名、队服颜色、队伍口号等，有利于构建和谐的氛围，使每个学生都感受到自己为团队做出的贡献，从而队员之间的情谊更深，团队凝聚力更强。这创造了一种良好的学习氛围，教师强调有效的团队参与，每个学生都学会人际交往的必要技巧，并成为团队中的优秀成员。

七、树立公平竞争意识

体育是平等的化身，是竞争的代言人。早在现代体育诞生之前，“Fair Play”（公平竞争）精神便在18世纪到19世纪英国的社会土壤中滋生起来，无论是美丽、正义、勇气、荣誉，还是乐趣、进步、和平，其深刻内涵都很难用文字加以概括。无论时代怎么变化、体育如何发展，“Fair Play”精神都应该是体育最具生命力的根基，“Fair Play”也是体育对现代社会伦理体系最重要的贡献之一，其内涵应随着时代发展不断丰富。作为人类社会的精神财富之一，“Fair Play”若失去了生命力，体育也许就真的成了没有硝烟的战争。[①]在“运动教育模式”

① 张维，林琳．论 Fair Play[J]．体育文化导刊，2011（4）：145.

中，要发展学生公平竞争的意识，培养学生在比赛中做理性决定的能力。在赛季比赛中，为了争取比赛胜利、获得积分榜上更加靠前的排名，队与队之间难免会发生冲突，然而这些冲突必须被妥当处理和解决。那么，如何积极努力地争取比赛胜利，如何正确对待对手，如何正确对待裁判结果，什么是公平，什么是恰当的、正确的表现行为，都是整个“运动教育模式”所关注的内容。当学生在体育课上面临这些疑虑、冲突时，正是对学生进行教育的最佳时刻。学生在教师的帮助和引导下，学着解决和处理这些疑虑和冲突，从而使自己在参与体育运动时变得更加有修养，进而使学校体育、社区体育、体育俱乐部等更加容易组织和开展。

八、培养终身体育观念

目前，最经常被提到的体育教育的重要目的是帮助学生发展终身体育观念。“运动教育模式”自身的优势能帮助学生形成终身体育观念。首先，“运动教育模式”符合青少年的心理、生理、兴趣特点及体育运动的规律，以竞赛的形式提高学生在课堂上积极参与的兴趣，并通过快乐、自信等方面的体验获得良好的运动感受和经历，促进其形成终身体育观念。其次，“运动教育模式”在运用过程中采用不同角色及分工的形式，促进了学生对健美操运动如何组织、如何开展等相关知识的理解和能力的提升，同时，也促进了其在运动中的交往，为其形成终身体育习惯积累经验。再次，在“运动教育模式”的实施中，通过互帮互助，培养了基本技术能力、战术能力，并加强了对比赛规则等的理解和认识，为学生形成终身体育观念提供了技能和知识基础。最后，“运动教育模式”实施过程中，运用了团队以及节日气氛等多种形式，提高学生运动兴趣的同时，这种欢乐的节日氛围深深地感染了所有的学生，从而也吸引更多青少年参与到健身队伍中来。学生在学校体育中的这些经历，使其能够更多地参与到校外的体育活动中去，即使是在毕业后，在走上工作岗位后，仍然能够继续参与健美操运动，促使其终身体育观念的形成。

第三节　我国普通高校“运动教育模式”的教学过程结构

体育教学过程是实施体育教学并达成体育教学目标的教育过程，其结构是支撑体育教学模式的基本“骨骼”。[①]因此，深入分析体育教学过程的规律与范式，不仅能科学地建构体育教学模式，而且对有效地实施教学模式意义重大。北京师范大学体育与运动学院高嵘教师，就“运动教育模式”的教学过程结构，从宏观和微观两个层面进行了较为详细的分析。在宏观层面，他认为“运动教育模式”的宏观教学实施过程是指整个运动季的教学设计，它要求设计者从宏观上对赛季的教学过程全面考察。具体设计时应从赛季前准备阶段和实施课堂教学阶段两个方面入手。其中，实施课堂教学阶段又可分为课堂常规建立阶段、赛季阶段和庆祝活动阶段。在微观层面，他认为教学设计和实施要从每次课的各个方面入手，深入考虑赛季早期、中期和晚期不同教学阶段的具体课堂实施及实践分配。[②]西登托普教授在《运动教育模式指南》第八章中也重点介绍了赛季前准备、赛季日程以及每日课程的相关内容，并进行了举例说明。

在“运动教育模式”中，整个赛季按照既定的日程进行，强调技战术的学习，组织一系列比赛，让所有的学生通过参与比赛，提高技战术水平。赛季最后是赛季的高潮，整个赛季在节日的氛围中结束。赛季前准备阶段，教师需要做准备工作，主要包括教师对运动教育教学目的、教学方法和教学过程等方面全方位的理解，教师对授课时具体影响因素的分析准备，以及所有教学材料与表格的准备。只有充分做好赛季前的准备工作，才能更好地开展整个赛季的教学。对于赛季前的准备工作，本书不再赘述。基于为该模式设计的本土化和具

① 毛振明．体育教学改革新视野[M]．北京：北京体育大学出版社，2003.

② 高嵘，张建华，高航，等．运动教育模式教学过程结构探析[J]．成都体育学院学报，2007，33（2）：117.

体实施的操作化提供有益参照的目的，结合德尔菲法分析结果，本研究主要从赛季日程、课堂教学过程两大层面对我国普通高校健美操“运动教育模式”的教学过程结构进行分析。

一、赛季日程

教学单元是教学过程的基本单位，其大小不仅反映教学过程的长短和合理性问题，而且也决定教学的容量和教学的质量。[①]根据“运动教育模式”的特征，“运动教育模式”以赛季为教学单元。赛季日程是从宏观层面确定教学过程结构，它是指整个赛季每一节课教学内容的大致安排。西登托普教授提倡加大教学单元长度，这是基于欧美国家中小学体育课的现实情况提出的。他在《运动教育模式指南》中指出，赛季的长度由每节体育课的时间和体育课持续的次数决定，大量已发表的文献表明“运动教育模式”的赛季标准长度为 20～22 个节课，同时他也指出这样的结论可能是由在新西兰高中做实验时的实际条件决定的。“运动教育模式”是为了让学生对某一运动有更深刻的认识与理解，为学生提供更多彼此互动的学习机会，使学生学深、学透，在运动经验上得到更大发展的机会，并受到运动文化的熏陶。这种以运动季为单元的教学过程设计，具有以学生参与运动竞赛为主线，让学生设计其教学过程的鲜明特征，也是为了更好地体现本来的教学意图，即“通过最为真实的运动情景使学生得到全面的运动教育，使之成为‘有能力的’‘有文化的’和‘热情的’运动参与者”（高嵘等，2007）。

根据我国普通高校体育课程设置，我国普通高校健美操教学通常每周 1 节课，每节课 90 分钟左右，每学期少于或等于 16 节课。在“运动教育模式”中，赛季的课程内容可以分为三大类：第一类，学习与练习；第二类，练习与比赛；第三类，比赛。同一类内容的课程又有稍微不同的教学节奏：教师指导练习是

① 毛振明. 体育教学科学化的探索[M]. 北京：高等教育出版社，1999.

以教师为主导的教学；独立练习通常是以队为单位，在各队的练习区域，由教练或队长带领全队进行练习，教师则对各队进行指导。独立练习的任务应该围绕比赛进行，为比赛做准备，队员之间应该相互鼓励、相互帮助。这种各队的独立练习应该成为常规，在整个赛季中，教师使用这种方法为学生提供练习技术的机会，为比赛做准备。

以练习与比赛为内容的课程通常在学生已经学习了一定的健美操动作组合，并且即使没有教师的解释与提示，也能知道该怎样练习的情况下开展。在这个阶段，独立练习已经成为常规的方法，练习的重点在于进一步精细化技术动作，提高战术意识。而这时的比赛可以是热身赛，也可以是计入赛季总分的正式比赛。课上分配时间让各队练习技术动作，准备当天的比赛，并进行队形的必要调整。根据总的比赛时间的需要，教师在独立练习结束后宣布比赛开始，同时参与裁判员、记分、管理器材的学生快速做好准备。裁判员的职责之一是确保比赛流畅进行。比赛期间也应该留出特定的时间，以便裁判员、记分员等为下一场比赛或下一个队的比赛做好准备，同时也使下一个队做好上场比赛的准备。

以比赛为内容的课程不仅可以安排在赛季末尾，也可以安排在赛季中。通常整个赛季，随着学习内容的增加，比赛难度逐级增加，或是随着学习内容的改变，不断变化比赛内容。学生总是需要不断学习和练习，以更好地迎接所有的比赛。

二、课堂教学过程

正如前面所提到的，在“运动教育模式”中有三种主要的课程类型。第一种课程类型是以学习和练习为主，通常在赛季之初，也可以在赛季中；第二种课程类型是以练习和比赛为主；第三种课程类型是正式比赛。并不是说在第二种和第三种类型的课上教师不用教学，而是在练习和正式比赛期间，教师一直巡回在馆内，对各队进行指导。从宏观上确定赛季日程之后，便要从微观层面确定每节课的内容，即确定课堂教学过程，拟定每节课课堂教案。

美国学者莫尔（Mohr）等以课堂教学的八个方面为基础，提出了教学过程的具体实施原则和课堂教学分配时间原则。[①]高航等在《运动教育模式实施策略研究》一文中也做了具体介绍和分析，具体内容见表 2–1。[②]

表 2–1　课堂时间分配表

课程内容	教师	学生	时间分配/分*		
			早期	中期	晚期
检查课堂角色和职责	提供检查表；进行监督	确认课堂角色；准备热身活动或 SC 会议	3	1	1
热身活动 SC 开会	提供热身活动的内容；提供 SC 培训计划；指导 SC 开会**	领导小组的体能练习	10	12	14
复习技术和战术	辅导学生复习；监督学习情况；在小组需要时提供帮助	SC 指导小组的学习，帮助个人和团体取得进步	10	15	15
教师指导技术和战术教学	复习或学习新的技术和战术；指导全班练习	观察教师教学；进行动作示范；复习技术	15	10	5
小组练习	提供学习的内容；进行辅导；监督学习情况；在小组需要时提供帮助	SC 指导小组练习，监督小组的进步情况	30	20	5
比赛	设计比赛方式；提供比赛的统计记录单；为裁判员提供建议；指导比赛	SC 为比赛做准备；统计员进行记录；裁判员进行裁判；运动员参与比赛	7	20	40

① MOHR D J，TOWNSEND J S，BULGER S M. Maintaining the PASE：a day in the life of sport education[J]. Journal of physical education，recreation & dance，2002（1）：36–44.

② 高航，高嵘. 运动教育模式实施策略研究[J]. 体育文化导刊，2010（2）：62.

续表

课程内容	教师	学生	时间分配/分*		
			早期	中期	晚期
结束部分	复习技术和战术； 学生提问； 让学生自由展示动作； 教师向学生提供反馈意见； 预习下次课内容； 布置课外作业	观察教师； 回答问题； 进行动作展示； 提出问题讨论	5	5	5
总结学习情况	提供评价标准； 检查记录保持情况	收集整理团体和个人学习情况的记录	10	7	5

* 上课时间为 90 分钟。

** SC（Student Coach），意思是在赛季中担任教练的学生。

从表 2–1 中可以看出，这八个部分在每次课中所占时间是不同的，主要的影响因素有教学目标、学生的发展水平和运动季的学习阶段（包括运动季的早期、中期和晚期）。也就是说，随着运动季的发展和学习难度的深入，在每次课上分配给各部分的时间将会发生变化。例如，在运动季的早期可能花费较多时间去检查角色的执行情况和责任，但在以后会将越来越多的时间花费在运动上；再如，在运动季的早期，学生练习技术和战术的时间较多，而在运动季的中期、晚期，学生比赛的时间会越来越多。课堂教学的每个部分都十分重要，即使在运动季的晚期也不能完全排除教师对运动技术的教学（高航，2010）。

在我国普通高校健美操教学中，运用“运动教育模式”时，课堂教学过程主要包括以下四个基本部分。一是准备活动部分，每节课从准备活动开始，由队长或学生教练带领，准备活动的内容可以是身体素质类的练习，也可以是与健美操技术相关的练习，或者是两者的结合。二是基本部分，学习新动作和组合时通常由教师带领；练习或复习已学健美操动作或组合时，通常是分组练习，由各队的队长或学生教练带领，教师对各队进行指导。在这部分，教师必须确保学生有时间为赛季的比赛练习健美操动作技术，组织健美操比赛队形。三是比赛部分，这时的比赛可以是热身赛，也可以是计入赛季总分的正式比赛。四是结束部分，赛季的每节课结束时，教师应该对本节课进行总结，对学生在练习和比赛中的杰出表现给予认可和表扬，对各队表现出的公平竞争行为也应该进行表扬。

在整个赛季中，课堂教学过程呈动态变化。变化的两大原则为：以教师为主导的教授时间比例，在整个课堂教学过程中呈现由多到少的变化；以学生为主导的练习时间比例，在整个课堂教学过程中呈现由少到多的变化。①

第四节 我国普通高校“运动教育模式”的教学策略系统

“策略”原意是指大规模军事行动的计划和指挥，一般又指为达到某种目的使用的手段或方法。在教育学中，此词常与“方法”“步骤”同义，还指教学活动的顺序排列和师生间的交流。龚正伟教师在其编著的《体育教学论》中将教学策略界定为：教师为有效地完成特定教学目标而采用的教学程序、方法、形式和媒体等因素的总体思路、谋略或智慧。②根据德尔菲法分析结果，本研究论述的教学策略主要包括课堂管理与行为发展策略、学生分组策略、分配角色和职责策略、设计比赛策略、创造节日氛围策略。这五部分内容也正是西登托普教授在《运动教育模式指南》中所论述的“运动教育模式”的重要内容，掌握好这些教学策略是教师在教学中成功运用“运动教育模式”的关键所在（Daryl Siedentop，2004）。

---

① SIEDENTOP D. Sport education：a retrospective[J]. Journal of teaching in physical education， 2002（4）：409–418.

② 龚正伟. 体育教学论[M]. 北京：北京体育大学出版社，2004.

一、课堂管理与行为发展策略

在以教师为中心的课堂上，教师主导整个课堂，而学生的主要角色是服从教师的指导。尽管这种教学模式起到了一定作用，但是它与“运动教育模式”的教学目标和战略是不一致的。“运动教育模式”以学生为中心，目标是培养学生的责任感和领导能力，帮助学生管理和把握自己的运动经历，因此，学生要在课上对自己的行为高度负责。另外，与传统的体育课相比，在“运动教育模式”中学生要学习更多的内容，包括健美操技术和战术、赛季的角色与职责等。因此，在“运动教育模式”中，时间是非常宝贵的，要充分利用有限的时间，尽可能使学生获得更大的提高。然而，当学生没有积极参与课堂学习时，或者对自己的行为没有约束时，许多破坏课堂纪律的行为就会发生。换句话说，学生总会利用这些时间找点事做，而这些事会破坏课堂纪律，分散大家的注意力。课堂管理策略和行为发展策略是预防性的管理措施，发展和维持一个积极的、可预见的、以完成课堂任务为导向的课堂氛围。

（一）课堂管理策略

教师应该将传统的课堂常规、课堂要求运用到“运动教育模式”的课堂上来。课堂管理策略使课堂学习任务完成得更快、更好，课堂效率大大提高，课堂更加有序。教师要善于吸引学生注意力，要有效地发出口令，要预计课上各个环节所需要的时间，从学生进入教室到达本队活动区域，到课上各个环节的转换，再到每节课的结束。

1. 课的开始部分

在普通高校中，学生可能在上课之前依次来到上课地点。在这种情况下，学生应该迅速到达他们本队的练习区域，开始常规的技术练习。这些技术练习通常用在每节课的开始阶段，而且是学生在之前的课上已经学习过的内容，能够很好地完成，并且有助于进一步改进技术。开始上课后，各队的教师或者健身指导带领全队开始热身。教师可以通过张贴海报或者给每队安排热身计划，对学生的准备活动进行指导。教师监督每节课的开始部分，还可以利用这部分时间清点人数，同时各队的队长或者教师也应在准备活动结束后负责报告考勤情况。这样的课堂管理策略使教师有时间与学生进行互动，对学生进行指导，而不是花所有时间指挥准备活动。

2. 课上各个环节的转换

课上各个环节的转换非常重要。当转换进行得流畅而迅速时，会产生许多好的结果，也就是说，这时的课堂组织得非常好，课堂教学很少被中断，所有计划的任务都能完成。当各环节转换失败时，课堂学习任务几乎不能按计划完成，学生也觉得很沮丧，中断课堂教学的情况也更容易发生。课上各个环节的转换主要包括三种信号的有效执行：集中注意力信号、集合信号、解散信号。通常，在课堂上，教师需要吸引全班的注意力，教师应该给学生一个明确的信号，并且教学生在听到信号后立即做出反应。教师可以大声发出“安静”的口令，学生听到后立刻停止练习，面对教师站好。教师也可以使用口哨，或者击掌发出信号，学生听到后立即以击掌回应，然后面对教师站好，保持安静。有时候教师需要将学生由分散集中到一个特定的区域，须在集中注意力信号发出之后，再给出集合信号，另外，教师也可以再次使用口哨发出集合信号。这只需要教师与学生在赛季前期约定并练习使用集合信号，然后给出具体的反馈，并建立新的目标，以减少集合所花的时间。学生通常要解散，去他们本队的练习区域，解散信号中应该包括学生到达指定区域后要完成什么任务，什么时候离开集合的区域。在“运动教育模式”的早期阶段，教师应该记录从解散信号发出到学生到达分散的区域开始比赛或练习一共需要多长时间。教师不仅可以口头表扬动作迅速的学生，而且可以将学生较好地执行课堂常规的情况作为奖励积分记录在赛季的积分系统中。当学生习惯快速移动、组织效率明显提高时，学生解散所需要的时间也逐渐减少。一旦熟练后，学生到达他们本队的练习区域便立即开始做准备活动或者开始练习，而不是等着教师再做进一步指示。

3. 课的结束部分

在“运动教育模式”中，课的结束部分有很多作用。教师可以将学生集合起来，重复和强调重点的技术或战术，肯定学生的进步，对每队的表现给出反馈，提示下节课的内容，并让学生安静地离开体育馆，返回教室。课的结束部分要求学生从分散的区域集中到一个区域，迅速而有组织地集合。结束部分的课堂常规也应该包括如何离开体育馆、归还器材、返回教室。如同其他所有课堂常规一样，在赛季的前期，教师就应该教授学生如何执行结束部分的课堂常规。一旦掌握了这些课堂常规，学生就会形成习惯，并且很好地去执行，从而大大提高课堂效率。

（二）行为发展策略

体育教育能够积极地影响社会行为的发展，有助于人格的成长。许多优秀运动员已经证明了这一点，他们的运动经历帮助他们发展了良好的自我控制能力，学会了团队合作，并培养了领导才能，而且这种影响会延续到他们今后的人生中。但体育也是一把双刃剑，在有助于积极促进社会和个人发展的同时，它也有可能助长自私，破坏规则，导致不公平行为的产生。因此，发展和维持一个有序、公平的环境是培养积极因素、遏制消极因素的关键。“运动教育模式”提供了这样一种环境，在这里学生学习公平竞争的含义，即应该用正确的方式对待队友、对手和裁判员，以及按照规则比赛。因为所有学生都要担任裁判员的角色，所以学生知道担任裁判员的感受，以及优秀的执裁工作对整个比赛的贡献。通过公平参与比赛，学生得到学习坚持不懈精神的机会，体会到进步的满足感和为本队做出贡献的成就感，并且得到教师和队友的认可。

1. 学生行为发展的中心内容

在“运动教育模式”中，公平竞争是学生行为发展的中心内容。公平竞争是体育比赛公认的准则，同时也是青少年身心发展的中心内容。公平竞争有非常广泛的意义，而不仅仅是指尊重比赛规则，它也包括尊重他人，以饱满的热情和积极的态度参与比赛，珍惜平等参与的机会，对自己和队友的行为负责任等。本研究归纳了我国普通高校健美操“运动教育模式”中的公平竞争行为，具体内容见表 2–2。

表 2–2　公平竞争行为

内容	表现
积极参与	不迟到、不早退，积极地参与练习与比赛
付出努力	努力履行各自的职责
尊重队友与对手	尊重每个人公平参与练习和比赛的权利，欣赏队友与对手
尊重比赛，正确面对成败	尊重规则与裁判员，在胜利时保持谦虚，在失败时保持高尚的气节
乐于助人，学会感恩	乐于帮助他人，并学会感恩他人给予自己的帮助

"运动教育模式"提供了一个良好的教育环境。在这个环境里，通过学生分组、分配角色、履行职责，创造了很多强调公平竞争目标的机会，公平竞争目标的实现，也使学生认识到达到这些目标的意义所在。

2. 如何发展公平竞争行为

在"运动教育模式"中，发展我国普通高校学生公平竞争行为，教师可以选用多种方法和手段。本研究归纳了发展公平竞争行为的方法，具体内容见表 2–3。

表 2–3　发展公平竞争行为的方法

方法	具体内容
使用行为守则	行为守则是对特定角色的行为方面的特定描述。教师可以为全班制定一个总体的行为守则，强调公平竞争的目标。行为准则要强调公平竞争与不公平竞争的区别。教师也可以专门为教练和裁判员制定特定的行为守则
使用公平竞争合约	可以使用公平竞争合约。在比赛之前要求学生大声朗读、讨论公平竞争合约，并在上面签字。还可以使用专门针对教练和裁判员的公平竞争合约，并制定与这些角色职责相关的更多明确的条款
使用海报	为了加强对公平竞争行为的认识，教师可以在体育馆内展示一个公平竞争的海报，列出对学生的要求，并不断进行比照。海报中的公平竞争期望不必包含公平竞争目标等细节，而应该选择描述性的、与我国普通高校学生年龄适合的、言简意赅的短语

续表

方法	具体内容
行为意识谈话	学生应该经常有机会讨论公平竞争中的问题。谈话可以在团队中进行，可以在课程结束部分进行，或者在课堂上任何适合教育的时刻进行。谈话往往在课堂上发生突如其来事件的时候发挥最好的作用。谈话不仅仅应该发生在不公平竞争行为之后，还应该发生在公平竞争的行为之后，它们是执行行为守则的榜样，应该与学生一起讨论
处理不文明行为的处罚条例	教师可以制定处理不文明行为的特定程序，以针对从最轻微到最严重的不文明行为，例如批评、扣分、限制比赛权等。如果在体育馆的明显位置，特别是行为守则海报旁边展示这些针对不文明行为的处罚条例将会非常有效
将公平竞争行为积分计入赛季积分系统	将公平竞争行为积分计入赛季积分系统是一项非常有效的办法。赛季最终冠军不仅仅由比赛成绩决定，还应该包括各队获得的行为积分。教师可以在赛季开始时公布公平竞争积分办法。当团队成员的行为违反公平竞争行为规定时，相应的积分将从团队总分中扣除
使用多种方式认识公平竞争行为	当公平竞争行为发生的时候，教师应该清楚地认识到，就像能辨认出比赛中好的战术行为和好的技术表现一样。教师应该在课程结束时对公平竞争行为给予认可和奖励。教师可以给学生布置家庭作业，例如为公平竞争绘制壁画或设计海报。教师应该在公告板上为公平竞争留出一个区域，教师把小星星贴在队名旁边，代表公平竞争，或给赛季公平竞争队员其他奖励等

二、学生分组策略

在赛季开始之前，或者是在赛季开始之初，就要把学生分成不同的队或组，并且在整个赛季中始终维持这种相同的分队或分组。学生分组是实施“运动教育模式”的基础，因为它是实施“运动教育模式”的基本组织形式，同时，维持小的学习小组也是使“运动教育模式”获得成功的必要环节。在传统的体育教学中，仅仅是在比赛期间将学生分组；而在“运动教育模式”中，学生不仅仅是在比赛时组成队，而且是在整个赛季中，无论是在练习技术、发展战术，还是平时的任何学习和训练中，都以队的形式完成各项任务。每个学生的表现都有助于整个队伍的表现，有助于本队在赛季中成功地完成各项任务。团队合作创造了一种良好氛围，在这种氛围中，学生个体也得到了发展。

当比赛结果不确定时，队员才会感到比赛更有意思，更加具有挑战性。这就是为什么当参赛队实力相当时，比赛会更加精彩。没有谁，特别是参赛队员会喜欢参与一个实力非常悬殊、比赛结果没有任何悬念的比赛。为了使比赛双方实力均衡，必须尽可能将参赛者均衡地分配到不同的队伍中。在“运动教育模式”中，教师必须尽可能组成实力相当的队伍，以便使每个队伍都有机会获得成功。在各队实力均衡的情况下，要想获得比赛的成功，更多地取决于学生团结合作。在健美操课上，要将学生组成实力均衡的队伍，主要根据学生已有的健美操运动基础，以及学生个体所具备的有利于学习健美操的各项身体素质。同时，每队的学生人数和性别也是需要考虑的因素，尽量做到人数相等和性别比例相似。

（一）确定每队人数

在组队之前，教师要决定在整个赛季中组成多少支队伍，每队人数有多少。这取决于很多因素，包括健美操项目的特点，如何组织健美操比赛，如何应对赛季中可能出现的学生缺勤情况，以及如何使学生更好地完好日常训练和比赛任务等。

竞技健美操比赛分为女子单人、男子单人、混合双人、三人、六人五项。大众健美操比赛则没有一定的人数要求，由各竞赛组织单位决定。为了便于学生在赛季中学习和了解健美操竞赛相关的内容，建议模拟竞技健美操六人操的规模组队，将每队的学生人数确定在六人左右。各队可以以集体六人的形式参与比赛，同时也可以在各队之间组织单人赛、双人赛和三人赛。[①]在组队时，如果将全班分成多个男女生混合的队，那么既可以开展男子比赛，也可以开展女子比赛，还可以开展男女生混合比赛。同时，组织单人赛和双人赛时，还可以按技术水平分组，使得技术较差的学生能在一起比赛，而技术较好的学生也

① 马鸿韬．健美操运动教程[M]．北京：北京体育大学出版社，2007．

能在一起比赛，每场比赛的得分都计入赛季冠军的总成绩，以使所有的学生都能得到参与比赛的机会。

（二）具体分组方法

在运用“运动教育模式”时，学生非常关心是否公平公正。学生希望有实力均衡的队伍和公平竞争的比赛。他们对分配队员很感兴趣，因为这关系到公平的学习机会，并体现了公平竞争的概念。因此，为每队分配队员显得尤为重要。

教师可以全权负责队员的分配，也可以与学生一起合作分配队员。在学生没有“运动教育模式”经验的情况下，通常由教师全权负责队员的分配；在学生具备“运动教育模式”的经验之后，可以让学生参与到分配队员的任务中来。在为每队分配队员时，教师可以综合考虑以下几个问题：你了解你的学生吗？学生之间相互了解吗？学生熟悉健美操项目吗？学生熟悉“运动教育模式”吗？因为“运动教育模式”的一个目的是鼓励学生逐步地承担越来越多的管理自我的责任，所以教师可以考虑逐步地让学生参与分配队员的过程。当学生参与分配队员的过程时，可以有两个选择：一是与每队的学生教练一起分配队员；二是组成一个分配队员的小组。当使用学生教练时，教师首先必须选好学生教练。通常，选择学生教练的方法如下：一是教师在赛季开始时指派教练；二是由学生自己提出申请，并提交书面申请，列出他们的优点、才能和领导能力；三是通过学生不记名投票选拔他们希望的学生教练。当由学生组成的小组协助教师分配队员时，教师可以使用与选拔学生教练相似的方法选拔小组成员。学生可以是志愿者，自愿申请，或根据制定的标准，投票选拔到这个团队中，也可以将具有健美操技术基础的学生选拔到这个团队中。

每队分配队员的方法有很多，需要强调的是，这些方法不包括我们通常见到的一种，即由班上技术最好的学生首先选择他们的队友，然后由技术中等的学生开始选择队伍，最后是技术最差的学生选择队伍。总之，应该尽快将学生分好组，因为学生成长来源于良好的体育体验，而这些成长与学生是否在团队中、是否为团队的成功做出贡献是密切相关的。以下是分配学生的几种方法。

1. 教师在赛季前分配学生

通常情况下，运用这个方法，是在教师比较了解学生的前提下，教师在赛季开始前就分好组。在第一节课时，教师宣布分组情况，指定各队的活动地点，同时要求学生选择队名和队服颜色。教师不仅仅考虑在技术方面平均分配学生，而且考虑性别、性格和民族方面的均衡。运用“运动教育模式”的目的之一就是让学生学会相处，共同经历赛季的起伏，所有学生都尽可能多地学习技能，并为他们共同的团队做出贡献。

2. 教师和学生在赛季前分配学生

在第一种方法的基础上，教师可以让部分学生参与分配工作。这些学生通常能够提供一些有价值的、潜在的信息，让学生参与分配，也就是授予他们权力负责班级的分组工作。这些负责分组的学生可以由教师指派，也可以是匿名投票选出来的。

3. 使用等级量表分组

在使用这个方法的过程中，首先通过健美操基本步伐、动作组合的简单测试获得分数，然后将全班所有学生按照技术水平进行分类。第一类为技术最好的，得 3 分；第二类为技术中等的，得 2 分；第三类为入门级别的，得 1 分。首先将 3 分的学生平均分在各队，然后将 2 分的学生平均分在各队，最后将 1 分的学生平均分在各队。检验各组实力是否均衡的办法是看每组的总分是否一致或接近。达到实力均衡的目的后，相同分数的学生可以再调整，以达到性别、民族的均衡，以避免队伍内部的不协调。一旦分好组，及时通知学生，或者将分组情况张贴在体育课通知栏中（Daryl Siedentop，2004）。

当由学生教练或者学生进行团队分组时，为了避免学生或学生教练在分组时，有意识或无意识地为自己所在的组分派更多技术好的队员，从而造成分组实力不均衡，在分组时，要确保所有学生教练不知道他们将被分在哪一组。在完成分组后，学生教练通过抽签的方式，最终确定所在的组。

三、分配角色与职责策略

随着社会的发展，我们越来越多地感觉到体育影响着个人和社会的发展。然而，在许多情况下，体育并没有充分发挥它的作用，没有达到促进个人和社会发展的目标。多角色扮演是“运动教育模式”的关键部分，有利于促进学生社会化的目标。“运动教育模式”中，教师在每个赛季都要为学生设计一系列角色。当学生体验到各种各样的角色时，他们会更加重视自己的表现，对团队的成功更具责任感，同时他们也会积极促进整个赛季的成功。在我国普通高校健美操教学中，如何更好地运用“运动教育模式”设计符合健美操特征的角色和职责是非常重要的一步。

（一）学生角色

在“运动教育模式”中，除了参赛队员，学生还学着去做教练、裁判员、记分员、宣传员、统计员等其他角色。学生非常愿意扮演这些角色，并且非常认真，这时他们不仅是参赛者，而且是以主人翁的身份参与到比赛中。扮演这些角色，有助于学生更加深刻、全面地理解健美操这个运动项目，成为具备丰富理论知识的健美操运动者。通常，角色的设计与学生的年龄、学生之前获得的“运动教育模式”的经验，以及教师的创造力有关。根据健美操项目的特征，在“运动教育模式”中，教师可以为学生设定以下三类角色。

1. 参赛队员

参赛队员是最重要、最基本的角色，积极地承担参赛队员的角色意味着努力为本队、为比赛做出重要的贡献。这个角色的职责包括努力学习技术和战术，努力、公平地比赛，支持队友，尊重对手和裁判员。在“运动教育模式”中，所有学生得到平等的机会去比赛，得到同等的机会为本队贡献力量。

2. 比赛组织者

在“运动教育模式”的比赛中，所有学生都有自己特定的角色，这些角色除了参赛队员，还包括比赛组织者，例如裁判长、裁判员和记分员等。教授运动项目的知识是体育教育的一部分，“运动教育模式”强调学生在赛季中学习裁判知识，所以所有的学生都要在赛季中学习如何扮演好比赛组织者的角色。教师需要安排充分的时间，让学生进行练习。由于健美操项目属于评分类项目，比赛时要组成裁判组，对各队的表现做出评判。通常，健美操赛季中，教师可以让每队派出一名学生，组成裁判组（包括裁判长、裁判员、记分员），对本场比赛进行执裁。比赛组织者的重要任务就是要确保比赛按时开始并顺利进行。

3. 队内角色

队内角色是指为本队服务的角色。各队都有这些角色，包括教练、领队、队长等。教师所要做的是确定在本赛季中有多少角色。教师应该努力使每个学生除了是参赛队员外，还在队里承担另外一个角色。角色的设定要与健美操项目特征相关，例如动作设计、音乐制作等角色。另外还可以设定其他有利于赛季更好开展的角色，例如宣传员、摄影师、广播员、新闻编辑等等。通常，当学生和教师具备一定的“运动教育模式”经验时，才能设定更多的角色。在“运动教育模式”中可以根据项目需要和项目特征设定许多角色，这些角色种类是无止境的，唯一限制教师的是想象力。实际上，任何与健美操项目有关的角色都可以设定。

（二）角色职责

清楚地定义角色的职责是非常重要的。学生需要确切地知道每个角色的职责，每个角色在比赛前、比赛中、比赛后，以及课堂外应该做什么。教师可以在一个小手册里解释每个角色的职责，详细描述该角色应该在什么时候完成什么任务。教师还可以准备好海报并张贴在教室里，详细描述每个角色的职责。

在我国普通高校健美操“运动教育模式”中，教师可以参照表 2–4 分配学生角色和职责。

表 2–4 角色与职责一览表

角色	职责
参赛队员	1. 努力学习技术和战术 2. 刻苦训练，公平比赛 3. 支持队友 4. 尊重对手和裁判员
裁判员	1. 组织比赛 2. 执裁 3. 使比赛不受干扰，持续进行
记分员	1. 记录比赛得分 2. 不断更新得分 3. 计算得分 4. 上交最终的成绩记录
教练	1. 领导全队 2. 进行技术和战术练习 3. 安排比赛阵容
领队	1. 带队参加比赛 2. 在比赛中组织本队队员 3. 帮助和鼓励队员
队长	1. 监督队员各负其责 2. 上交相关表格 3. 帮助队员在各自的岗位就位，并行使职责
器材管理员	1. 领取和归还器材 2. 领取和归还比赛队服 3. 器材丢失或损坏后及时通知教师 4. 设计和制作道具

续表

角色	职责
体能教练	1. 组织全队的热身 2. 领导全队的体能训练
队医	1. 了解该运动项目相关的常见运动损伤 2. 提供急救材料 3. 当训练或比赛中发生任何运动损伤时，及时进行处理，并通知教师 4. 帮助教师开展急救和恢复工作
宣传员	1. 公布成绩 2. 负责在体育角、校报、海报上宣传赛季比赛，或者创办"运动教育模式"赛季简报
记者	1. 撰写比赛报道 2. 负责撰写和上交赛季报告给宣传员
解说员	1. 在比赛前介绍队员 2. 在比赛中解说比赛
动作设计者	1. 了解健美操动作的特点 2. 为本队队员设计动作组合 3. 帮助队员学习动作组合
音乐制作者	1. 检查、调试音响系统 2. 选择、制作和保管训练和比赛中的音乐 3. 在训练和比赛中负责音乐播放

四、设计比赛策略

在竞技体育比赛场上，我们有时会发现，只有当该队比分领先，拥有绝对优势时，或是在比分落后，取胜无望时，教练才有可能派替补队员上场参与比赛。同样的情况也会发生在传统的学校体育课比赛中。因此，往往是技术好的学生更多地参与到比赛中，而技术较差的学生得不到平等参与比赛的机会。但是在“运动教育模式”中，所有学生都有同等的机会参与比赛。

（一）设计比赛形式

在“运动教育模式”下，教师不用完全采用正规比赛的规模和形式，而是要使学生在适合自身发展水平的基础上参与比赛。教师可以根据现实情况修改比赛方法，使学生无论处于何种技术水平，都能通过参与比赛学习技术和战术，使学生能够在自己原有水平的基础上不断得到发展和提高。对于健美操项目而言，教师可以通过减慢音乐速度、减少动作组合、降低动作复杂性、改变比赛场地，以及改变比赛规则等方法，来创造更加适合学生发展水平的、更容易的比赛，使学生在比赛中更好地发挥技术，更成功地运用战术。值得注意的是，比赛的本质和比赛的主要规则，在修改后的比赛中是没有改变的。比赛的主要规则规定了该项目比赛如何进行，如何取得比赛胜利。团队成员朝着共同的目标努力，这是“运动教育模式”的重要教育和发展目标。赛季以团队为单位赢得比赛和赛季冠军，赛季比赛的重点考察目标是整个团队的表现，所有人的表现都代表了团队。

竞技健美操的比赛除了单人赛外，还包括混合双人赛、三人赛、六人赛等集体项目。近年来，越来越受到关注的啦啦操项目更是以集体团队合作为取胜的关键。而在开展得如火如荼的大众健美操运动中，集体项目则是最为常见的比赛形式，普通高校健美操赛季中，团队集体参赛是最为简单和可行的方式。在学生获得一定“运动教育模式”经验的基础上，还可以开展单人赛、双人赛、三人赛等项目。我们知道当比赛双方势均力敌时，比赛才更有悬念、更有趣，更有利于技术的发挥。可以设立分级别的比赛，每队派出不同级别的队员，参与不同级别的比赛，所有学生都与自己实力相当的对手进行比赛。但是值得注意的是，所有的比赛结果都计入团队的积分中，是团队取得最后胜利的基础。例如，如果比赛中有四支队伍参赛，按照裁判员的打分，每场比赛排出第一、二、三、四名，第一名记 4 分，第二名记 3 分，第三名记 2 分，第四名记 1 分。

记分员将每场比赛的得分均累计记入健美操赛季成绩统计表中。

（二）确定比赛频度

在“运动教育模式”的文献资料与相关研究中，并没有对赛季中比赛的频度做出具体的限制，但是教师在设计比赛频度时，要遵循以下几个原则：一是确保比赛贯穿整个赛季；二是比赛的频度与健美操项目的特点相结合、相适应；三是比赛频度要考虑健美操教学内容的安排；四是比赛应该在每场顺利开展的基础上进行安排。根据项群理论，按竞技能力的主导因素对竞技项目进行分类，健美操属于技能主导类表现难美性项目。按动作结构对竞技运动项目的分类，健美操属于多元动作结构固定组合。依据运动成绩的评定方法，健美操属于评分类项目。因此，在比赛频度的设计上，健美操具有自身的特点。这与“运动教育模式”研究中常见的项目，例如球类项目有较大的区别。

在国内外的研究中，对于在健美操运动中运用“运动教育模式”的研究较少。而在 2000 年和 2003 年分别有国外学者发表论文，设计了舞蹈赛季。由于舞蹈和健美操在内容和形式上的相似性，这两项研究在比赛形式与频度的设计上值得我们借鉴（Daryl Siedentop，2004）。在 2000 年的研究中，研究者在赛季中间歇性地安排比赛，赛季由五次比赛组成，每次比赛的内容是每 10 年流行的舞蹈种类与形式。在每次比赛中，每队可以选择这 10 年中的一个流行舞种，而赛季高潮则是每队在所有舞蹈形式中选择自己最拿手的舞蹈，再为全班表演一次。除了在赛季中间歇性地安排比赛，还可以在每节课均安排比赛，可以是大规模和小规模比赛交替进行，也可以是随着学习内容的增加，逐渐增加比赛难度。目前，我国普通高校健美操的教学内容大多依据中国健美操协会审定并发行的《全国健美操大众锻炼标准（第 3 套）》。通常，高校在每学期的健美操课中教授一套或两套动作，一般从一级动作开始。因此，赛季中可以以所教授的等级动作为比赛内容，每天安排一次比赛。

（三）计划赛季高潮

每次足球世界杯决赛都会吸引全世界数百万观众的关注，大多数运动项目的青年联赛都一样，最终的决赛将赛季推向高潮。在“运动教育模式”中，整个赛季贯穿着正式的健美操比赛，并最终达到赛季高潮，然后结束整个赛季。最后的冠军赛代表着赛季的高潮，但与竞技体育有一个关键不同，那就是，在大多数竞技体育中，只有两支最好的队伍能够进入最后的决赛，而在“运动教育模式”中，所有的队伍都能参与到赛季高潮中，教师致力于营造让所有队伍都参与进来的节日氛围，整个赛季在全班庆祝和分享比赛的氛围中结束。

赛季高潮可以不仅仅局限于赛季的最后一天，教师可以在赛季的最后几天时间里举办冠军赛和赛季的其他比赛。赛季高潮的庆祝活动不仅仅是表扬比赛的胜利者，教师还可以就学生公平竞争行为、学生完成各自角色的职责，或者学生个人对整个赛季或各队的贡献等给予认可和奖励。教师也可以在赛季高潮播放健美操比赛视频，赛季高潮是所有学生体验体育节日氛围必不可少的一部分。

（四）设立赛季奖项

对赛季的奖项和奖励的形式几乎没有限制，教师可以在赛季高潮给予学生这些奖励。值得注意的是，因为“运动教育模式”的教学目标非常广泛，不仅仅是学习技术，所以这些奖项应该尽可能多地反映所有教学目标。教师可以设计赛季积分系统，通常公平竞争得分、比赛得分和管理职责得分是赛季积分系统最重要的组成部分，因为学生在这些领域的行为决定了赛季成功与否，获得赛季积分系统最高分的团队是赛季冠军。尽管毫无疑问要对赛季冠军给予奖励，但是教师也应该肯定赛季中其他积极的表现，例如学生公平竞争的行为，不同角色职责的完成，学生运动技能的进步，以及团队合作等方面的突出表现。本研究实验部分，结合健美操项目特点，在赛季中设立并颁发了以下奖项：赛季总冠军、最佳音乐奖、最佳编排奖、最佳组织奖、最佳进步奖、最佳动作指导奖等。

（五）制定比赛规则与裁判法

我国普通高校健美操赛季中的健美操比赛内容为中国健美操协会审定并发行的《全国健美操大众锻炼标准（第3套）》的等级动作，因此，比赛规则和裁判法的制定应该充分考虑教学对象与教学内容的实际。本研究认为我国普通高校健美操教学中，比赛规则与裁判法的制定要遵循两大原则：（1）比赛规则与裁判法可以依据国际体操联合会（FIG）审定的《2009—2012 年健美操评分规则》，教育部中国大学生健美操艺术体操协会审定的《中国学生健身健美操竞赛评分规则（第 3 版）》；（2）比赛规则与裁判法以“运动教育模式”中“根据教学对象简化比赛规则”的理念为原则进行修订，旨在加强裁判法在普通高校健美操课上的实操性，更好地普及健美操裁判法知识。

五、创造节日氛围策略

节日氛围是“运动教育模式”的主要特征之一。节日氛围使“运动教育模式”区别于普通的体育教育模式。在世界各地，各项体育赛事的开展都伴随着浓郁而明显的体育节日氛围，例如奥运会、足球世界杯；然而，这种节日氛围却很少在普通高校体育课中表现出来。很少有学生认为学校体育课经历是特别令人兴奋或有价值的，甚至许多学生认为体育课不重要，经常逃避体育课。对于青少年而言，一旦他们形成这种认识，将会影响他们今后的人生。加拿大的一项研究表明，女孩特别不喜欢体育课，她们总是找借口逃避体育课。在我国普通高校健美操教学中，愿意上健美操课的大部分为女生，大多数男生对健美操课不感兴趣，特别是健美操运动技能较差的男生，或者是在健美操学习中从未体验过成功感的男生。在“运动教育模式”中创造节日氛围，会使学生获得非常愉悦的体验，增加学生在健美操课之外或是校外从事这项运动的可能性。世界上许多地方，体育教育的主要目的之一是影响年轻人的生活方式，使他们形成参与体育活动的健康生活方式。而要养成一种健康的生活方式，就要求年轻人重视体育运动，参与体育运动，并且持续参与。要使学生重视一项运动，首先必须使学生获得难忘的运动体验，才能促使他们在未来继续从事这项运动。浓郁的节日氛围往往给运动者带来欢乐的感受，使参与运动更有意义。研究证明，“运动教育模式”是一个非常好的方式，节日氛围是“运动教育模式”的一大特点，潜在地激发了学生的参与动机。

（一）在日常教学中创造节日氛围

创造节日氛围的目标是使整个赛季都充满节日的氛围，而不是只有赛季最后的冠军赛才需要节日氛围。努力使每日的练习和比赛都尽可能充满节日氛围，在日常教学中创造节日氛围，可以从以下两个方面入手。

1. 通过增强团队凝聚力，创造节日氛围

将学生分在小的团队中，并且在整个赛季保持同样的分组，形成团队凝聚力，这也是“运动教育模式”的另一个主要特点。团队增加了学生的归属感，增强了他们为团队做贡献的责任心。各队应该有队名，并且本队的队员能够为他们的队伍选择队名。每个队在公告板上有一个区域，可以张贴本队的成绩，各队也能选择代表本队的队服颜色，如果条件允许，可以制作代表本队的队服。教师可以拍各队的照片，学生可以为本队的照片摆出代表他们本队特点的姿势，将这些照片张贴在公告板上。另外，各队的宣传员可以制作并张贴队员个人的介绍。

在体育馆或室外体育场，各队通常会分配练习区域。学生在上课后到达本队练习区域，遵守进入体育馆的课堂常规，进行热身练习或技术练习。教师也鼓励各队在校外的时间进行练习，教师可以将各队进行额外练习作为赢得赛季积分的一种方式。在“运动教育模式”中，教师可以让各队代表不同的国家参赛，就像在奥林匹克运动会中，以及在世界杯比赛中，各队有代表本队的旗帜、队歌，所有的设计都是为了强调各队的身份。这些经历使整个赛季如同一个大的健美操赛事，对学生更加有意义。

2. 通过给予奖励，创造节日氛围

“运动教育模式”中可以设置许多奖励。例如：对于队员的良好发挥、各队表现出的战术意识、队员在正确的场地按时比赛、裁判员使比赛流畅进行、器材管理员正确摆放器材、记分员正确计分等，教师都应该给予认可和奖励。教师可以通过正式或非正式的形式给予学生表扬，正式反馈包括赛季最后的奖励证书、奖杯，将优秀学生名字张贴在公告板上；非正式反馈包括教师可以在每节课上，或课后将全班集合起来，对学生良好的表现和公平竞争行为进行表扬。教师通过这些恰当的方式鼓励学生，从而为整个赛季创造一种喜悦、轻松的节日氛围。

（二）在赛季高潮中提升节日氛围

“运动教育模式”以赛季高潮结束，赛季高潮是整个赛季节日氛围最浓的一天。可以用很多方式设计赛季高潮，但赛季高潮要让所有学生参与，而不仅仅是两支实力最强的队伍。通常可以在赛季高潮组织冠军赛，将赛季推向高潮；如果赛季比赛是按照学生健美操运动能力来组织分级比赛，那么每个级别都将进行最后的决赛。还可以组织一系列健美操技术技巧挑战赛，每个队派出代表完成挑战；如果一系列技术技巧挑战赛安排在常规的课程之内，那么这样的赛季高潮就需要几节课来完成。在一系列比赛之后，即赛季的最后一天，安排赛季颁奖典礼，通常可以邀请特殊的嘉宾进行颁奖，包括学校校长、系主任及健美操项目风云人物等。另外，教师还可以在赛季高潮组织学生观看经典的健美操比赛，包括世界和我国竞技健美操比赛。教师也可以用摄像机将整个赛季录下来，然后对视频进行编辑，并在颁奖日播放，学生可以在课后将拷贝的视频带回家，与家人分享。在熟练运用“运动教育模式”的情况下，教师还可以组织不同班级学生进行比赛，或者组织学生和教师、家长一起比赛。如果学生与家长一起分享他们的快乐，那么健美操课程和健美操教师将获得更多的支持。

第五节　我国普通高校“运动教育模式”的教学评价体系

体育教学评价一直是体育教学工作和教学理论中的难题。如何在“运动教育模式”中，对我国普通高校健美操教师的“教”，对学生的“学”做出客观、全面、有价值的评价，如何在“运动教育模式”中，运用实用性、操作性强的评价方法，是本部分重点讨论的问题。设计我国普通高校健美操“运动教育模式”教学评价系统，首先应该从明确培养目标开始。培养目标是设计教学评价系统的依据，在赛季最后，我们想看到怎样的学习结果？这些学习结果是否与赛季前制定的培养目标一致？“运动教育模式”的总目标是培养有能力、有文化、有热情的运动者。金钦在研究中结合“运动教育模式”的三项培养目标来评估学生的成绩。结合学习目标进行评估是非常有意义的，教师和学生都应该在赛季开始之初便非常清楚学习的目标。“运动教育模式”的特点允许实现多重目标，同时也使每个目标的实现程度能够被衡量。我国普通高校健美操“运动教育模式”的教学评价系统设计，主要围绕培养有运动能力、有运动文化和有运动热情的运动者三项培养目标展开。

一、对运动技术的评价

与传统体育教育模式一样，“运动教育模式”的一项重要学习内容是掌握运动技术技能。健美操项目属于技能主导类表现难美性项群，按照不同项群运动员竞技能力各决定因素作用的等级判别，技术起到了决定胜负的作用，而战术仅起基础性作用，因此在本研究中重点讨论对学生技术的评价。对学生健美操技术的评价可以采用学生互评与教师评价的形式，并结合学生所在团队在比赛中的表现进行综合评定。“运动教育模式”中设计了一系列比赛，学生分成许多小组参赛，因此学生获得了更多的机会展示他们所学到的技术和战术，同时也允许教师有更多的时间去观察和评估学生在比赛环境下的真实表现，例如学生是否掌握了健美操基本步伐和动作套路，动作是否与音乐完美匹配，整套动作是否流畅等。采用过程性评价与终结性评价相结合的方法，将评估贯穿在整个教学单元中，嵌入每日的课堂教学，而不是只在某一天进行，从而对学生在整个赛季中的技术表现有全面、客观、动态的评价。可以采用技术分数累加的方法，使每次评价与最后的评价相联系，同时将个人的最终成绩与小组成绩相联系。技术评价的主要指标依据健美操项目的特征设定，主要包括动作准确性、动作熟练性、动作与音乐的配合等方面。

二、对运动强度的评价

运动强度可以通过多个指标获得，例如：最大摄氧量百分比（%VO_2max）、耗氧储备量（VO_2R）、心率储备（HRR）、年龄推算的最大心率（HRmax）、代谢当量（MET）。这些指标各有优点和局限性，但是从操作性和可行性来说，心率是最便于获得的，且是能较为准确地判断运动强度的指标。只需要佩戴一块心率表，教师就可以采集学生在体育课上的心率指标。根据学生年龄推算出每名学生的最大心率指标时，可以使用公式“220–年龄”来推测男女的最大心率，也可以采用盖利什（Gellish）等介绍的预测最为准确的公式“HRmax=206.9–0.67×年龄”。有了最大心率值，教师就可以通过心率表记录的心率活动范围监测学生在课上的运动强度。另外，计步器也可以作为测量学生运动量的工具。①

三、对运动项目理论知识的评价

与传统的体育教学模式相比，在“运动教育模式”中，学生除了学跳健美操，他们还要学习一定的健美操项目的理论知识。尽管在很多传统的体育教学模式中，教师在第一节课上集中简单地介绍过健美操运动，但是普遍学习效果较差，因为学生在后面的学习中很少或者不再涉及这些项目理论知识。而在“运动教育模式”中，通过小组学习、担任裁判员、理论测试等方式，对学生反复强化这些理论知识，从而进一步使学生对健美操的认识上升到一个新的台阶。健美操项目理论知识主要包括健美操运动发展渊源、基本步法与术语、裁判法等。了解健美操运动发展渊源，能增强学生的学习兴趣，学习健美操基本步法与术语、裁判法，则使学生能进一步学好健美操，并能在一定程度上评判出好与差的表现。可以在每节课上采用理论测试的方法，对学生所掌握的健美操项目理论知识进行评价，应该注意的是，每次理论测试题不需要太多，3～5 道题足够，以避免占用太多的课上时间；应该将理论测试放在课程的结束部分，以避免中断课程基本部分学生的运动状态（Daryl Siedentop，2004）。同时，也可以在期末安排专门的时间对学生健美操理论知识进行全面测试。

---

① 王正珍．ACSM 运动测试与运动处方指南[M]．8 版．北京：人民卫生出版社，2010.

四、对角色职责完成情况的评价

在传统体育教学模式的健美操课上，课堂以教师为中心，教师带领学生练习，学生总是跟随教师的示范进行练习。在示范、带领、组织学生练习的同时，教师根本没有足够的时间对学生的表现进行评估。但是，“运动教育模式”将教师解放出来，并且为教师提供了许多合适的机会去评估学生的表现。在小组练习时，教师可以在整个教室内巡回观察，对需要帮助的学生给予帮助与指导。在比赛中，教师则可以一边观察学生比赛的情况，一边评估裁判员的表现。对学生角色职责完成情况的评价，也可以从学生的自我评价与学生互评两个方面进行。

五、对公平竞争行为的评价

公平竞争是竞技运动的重要内容。上文已经详细论述了公平竞争行为的内涵。简而言之，在“运动教育模式”中，公平竞争的行为主要包括积极参与、付出努力、尊重队友与对手、尊重比赛、正确面对成败、乐于助人、学会感恩。依据以上因素评估学生的公平竞争行为非常重要，通常是以团队为单位对公平竞争行为进行评估。公平竞争积分应被纳入赛季的积分系统。教师可以在赛季开始前设计并公布公平竞争积分办法，如果在赛季中有任何队破坏了公平竞争行为，则从积分中扣除相应的分数。也可以使用公平竞争行为检查表，“√”的数量等同于获得的积分数。另外，还可以按照“2—1—0”的等级进行评分：当一个队表现出积极的公平竞争行为时，获得 2 分；当一个队行为得当时，可以获得 1 分；当一个队表现消极时，得 0 分。对于公平竞争行为，不仅可以使用正式的方式进行评估，还可以在某些时刻进行非正式评估，例如，用大拇指朝上或朝下的方式表明支持或需要努力，向学生表明教师在关注他们。在课程结束时，进行非正式的评论也能达到评估的目的，也是非常有价值的，因为它清楚地向学生表明教师在关注他们，并且将在一些重要的行为方面提供反馈。

第六节 小　　结

教学模式对理论和实践具有承上启下的中介作用。它在为教学实践提供具体的操作程序和操作策略的同时，也为教学活动提供理论上的指导。构建一个体育教学模式首先需要明确体育教学模式的构成要素，即从哪些方面进行构建。国内外学者关于教学模式和体育教学模式的研究表明：体育教学模式是一个包含多个构成要素的多因素系统。本部分研究正是基于体育教学模式要素的构成这一思路展开的。针对“运动教育模式”本身的特征，构建以健美操项目为载体，以健美操运动竞赛为主线，以我国普通高校学生为对象，以全体学生积极参与、全面提高为目标的教学模式。

结合德尔菲法分析结果，我国普通高校“运动教育模式”的构成要素包括教学目标体系、教学过程结构、教学策略系统、教学评价体系。教学目标体系的构建，旨在解决我国普通高校健美操“运动教育模式”要达到什么样的教学目标；教学过程结构的设计，旨在明确将如何规划整个赛季，以及如何安排每节课的教学；教学策略系统的设计，旨在解决教学模式运用过程中的具体措施、手段和方法；教学评价体系的设计，旨在解决如何对学生的成绩做出评定，以及如何科学评价教学模式效果的问题。

我国普通高校“运动教育模式”的教学目标体系包括发展健美操技术与专项身体素质、增强战术意识、理解项目规则、提升责任感、培养领导力、增强团队凝聚力、树立公平竞争意识、培养终身体育观念。我国普通高校“运动教育模式”的教学过程结构包括赛季日程和课堂教学过程。我国普通高校“运动教育模式”的教学策略系统包括课堂管理与行为发展策略、学生分组策略、分配角色与职责策略、设计比赛策略、创造节日氛围策略。我国普通高校“运动教育模式”的教学评价体系包括对健美操技术的评价、对运动强度的评价、对健美操项目理论知识的评价、对角色职责完成情况的评价、对公平竞争行为的评价。（图 2–1）

- 我国普通高校健美操「运动教育模式」构成要素
  - 教学目标体系
    - ①发展健美操技术与专项身体素质
    - ②增强战术意识
    - ③理解项目规则
    - ④提升责任感
    - ⑤培养领导力
    - ⑥增强团队凝聚力
    - ⑦树立公平竞争意识
    - ⑧培养终身体育观念
  - 教学过程结构
    - ①赛季日程
    - ②课堂教学过程
  - 教学策略系统
    - ①课堂管理与行为发展策略
    - ②学生分组策略
    - ③分配角色与职责策略
    - ④设计比赛策略
    - ⑤创造节日氛围策略
  - 教学评价体系
    - ①对健美操技术的评价
    - ②对运动强度的评价
    - ③对健美操项目理论知识的评价
    - ④对角色职责完成情况的评价
    - ⑤对公平竞争行为的评价

图 2–1　我国普通高校健美操“运动教育模式”构成要素

需要指出的是，运用“运动教育模式”进行教学的过程不是千篇一律的，教师应该在赛季开始前，根据我国普通高校“运动教育模式”理论构建的具体内容，依据教学对象和教学条件的具体情况，设计好整个赛季，拟定每节课的教案。对于初次运用“运动教育模式”的教师，不必设计得过于复杂，而是设计最简单的操作程序、最基本的学生角色、最易于操作的赛季比赛系统，并在赛季中花更多的时间让学生熟悉“运动教育模式”。

第三章
我国普通高校“运动教育模式”的实证研究

本部分主要从定量和定性两个方面对“运动教育模式”与我国传统体育教学模式的教学效果进行研究分析。定量分析包括对实验组与对照组学生的运动强度和运动动机进行研究分析。定性分析主要是对实验组学生进行访谈，并对访谈结果进行归纳分析。

第一节 研究方法

本章采用实验法、问卷调查法、访谈调查法，对学生运动强度、学生运动动机，以及教育目标的实现情况，分别进行了研究。

一、实验法

（一）实验设计

本研究采用准实验法，实验时间跨度为一个学期，从 2012 年 2 月至 5 月。来自两所普通高校的两名教师，均运用“运动教育模式”教授两个班级健美操课，每节课 90 分钟，每周 1 节课，共 13 节课，即实验组。同时，另外两名教师均采用我国传统体育教学模式教授另外两个班级健美操课，每节课 90 分钟，每周 1 节课，共 13 节课，即对照组。根据教育部对高校体育课内容的指导，以及两所高校体育部对体育课教学内容的安排，两所高校健美操课教学内容均为《全国健美操大众锻炼标准（第 3 套）》二级规定动作。

本研究的目的是探究“运动教育模式”与我国传统体育教学模式在我国普通高校健美操教学中教学效果的差异。研究的自变量包括实验前对教师进行“运动教育模式”培训和实验中对教师运用“运动教育模式”的教学情况进行每日教学反馈。研究的因变量包括学生运动强度测试、学生运动动机调查。

本研究中，“我国传统体育教学模式”即“传习式的体育教学模式”，是中华人民共和国成立以后，从苏联引进的教育理论。整个体育教学过程分为感知、理解、巩固、运用四个基本阶段，这个教学过程反映在体育课上就是以掌握运动技能的顺序为主线设计的体育课堂教学程序，即“开始阶段（课堂常规、准备活动、专项准备活动等）→基本部分（技能学习和课堂练习）→结束部分（放松练习和讲评）”的教学程序，它也被称为“三段制”或“四段制”教学程序。

（二）实验对象

本实验共有两名教师，教师的选择依据以下三个标准：第一，教师同意并积极参加此次研究；第二，教师必须为教学经验丰富的普通高校健美操教师；第三，两名教师学习经历和教学经验具有高度的相似性。教师情况见表 3–1。

表 3–1　教师情况一览表

基本情况	教师甲	教师乙
年龄/岁	31	34
性别	女	女
民族	汉族	汉族
学历	硕士	硕士

续表

基本情况	教师甲	教师乙
专业	体育教育训练学	体育教育训练学
专项	健美操	健美操
毕业学校	北京体育大学	北京体育大学
参加工作时间/年	5	7
在现单位工作时间/年	5	5
学习健美操时间/年	12	14
从事健美操教学时间/年	8	10

本实验所选取的学生为两名教师所在两所普通高校的四个自然班学生，其中，高校甲两个班均为男女混合班，高校乙两个班均为女生班。学生情况见表 3–2。

表 3–2 学生情况一览表

基本情况	高校甲		高校乙	
	对照一组	实验一组	对照二组	实验二组
人数	23	26	25	26
平均年龄/岁	19	19	18	18
性别	女（50%）	女（60%）	女（100%）	女（100%）
民族	汉族（100%）	汉族（98%）	汉族（100%）	汉族（99%）
年级	一年级	一年级	二年级	二年级

（三）自变量

本研究的自变量包括实验前对教师进行“运动教育模式”培训和实验中对

教师的日常教学进行反馈。

1.“运动教育模式”培训

培训内容主要依据本研究“理论构建”部分的内容拟定，包括教学计划与教案，并包括了所有教学材料的运用。每部分培训结束后，研究者对教师提出相关问题，测试与评估教师对培训内容的掌握情况。培训时间为 16 个小时，分别在 2 天内进行。具体时间分配为：“运动教育模式相关理论”2 小时；“我国普通高校健美操运动教育模式教学目标体系”2 小时；“我国普通高校健美操运动教育模式教学过程系统”2 小时；“我国普通高校健美操运动教育模式教学策略系统（课堂管理与行为发展策略、学生分组策略、分配角色和职责策略、设计比赛策略、创造节日氛围策略）”8 小时；“我国普通高校健美操运动教育模式教学评价体系”2 小时。运动教育模式培训内容与时间分配见表 3–3。在每部分培训内容结束后，研究者模拟“运动教育模式”教学现场，要求教师解决 5～8 个运用“运动教育模式”的问题，并进行模拟演示，对教师掌握程度进行考核，如果教师未能较好地解决问题，则对该部分内容进行进一步强化培训，直到能正确回答所有问题为止。

表 3–3　运动教育模式培训内容与时间分配

序号	培训内容	时间分配/小时
1	运动教育模式相关理论	2
2	我国普通高校健美操运动教育模式教学目标体系	2
3	我国普通高校健美操运动教育模式教学过程系统	2
4	我国普通高校健美操运动教育模式教学策略系统（课堂管理与行为发展策略、学生分组策略、分配角色和职责策略、设计比赛策略、创造节日氛围策略）	8
5	我国普通高校健美操运动教育模式教学评价体系	2

2. 教学反馈

研究者对教师的教学情况进行观察与记录，在每节课后或课上及时对教师运用“运动教育模式”的教学情况进行指导与反馈，指出本节课的优点与缺点，帮助教师正确运用“运动教育模式”。

（四）因变量

为了观察体育课上的运动强度，要从众多的生理指标中选择具有代表性的指标，这种指标应具备以下特征：（1）对运动刺激的反应比较敏感，能够比较确切地反映身体负荷的不同变化；（2）概念上比较简单，理解难度较小且不易产生歧义；（3）能够在实验室进行，尤其便于现场测定和实时测定；（4）易于对测试结果进行比较与评价；（5）易于应用于运动训练实践。心率监测基本能够同时满足这些条件。表面上看，心率似乎仅仅反映了每分钟心脏跳动的次数，但实质上，它是综合反映体内各种生理变化的一扇“窗口”，透过它，可以比较准确地描述身体机能对运动刺激的即刻反应或者慢性适应。心率之所以能够充当“窗口”的角色，是由于它的变化与运动负荷变化之间的因果关系。身体运动必然会使得能量代谢增加，能量代谢增加必然引起摄氧量增加，摄氧量增加必然引起心输出量增加，心输出量增加必然引起心率增加。因此，在相当大范围内，运动强度与心率发生平行变化。①

心率表在我国体育界的运动训练中是最普遍的仪器之一，对各运动项目的训练起着十分重要的作用。本研究使用 RS800CX 多项运动心率表，监测学生在每节课上的运动心率变化范围。实验前，在每个实验班和对照班中均随机抽取 17 名学生，共计 68 名学生，由他们在每节课上佩戴心率表，并对这 68 名学生进行佩戴心率表的培训，确保每名学生都了解佩戴心率表的准确位置，学会佩戴心率表的方法。在每节课开始前，每班 17 名学生自行或相互佩戴好心率表，然后由研究者逐一开启心率表。课上，研究者观察学生佩戴心率表的情况，对心率表滑落或者意外停表等情况，及时给予帮助。每

① 苏志雄，郝选明．心率监测在运动训练中的作用及影响因素[J]．成都体育学院学报，2002，28（2）：89.

节课结束后，研究者逐一停表，收回所有心率表，并将心率数据录入电脑。在所有课程结束后，研究者对实验组与对照组学生的心率变化范围进行统计分析。

根据学生年龄，运用盖利什等介绍的预测最为准确的公式“HRmax=206.9－0.67×年龄”，计算每名学生最大心率，并依据美国卫生与公共服务部（USDHHS）公布的“体力活动强度分级表”确定两个靶心率，即中等强度心率（HRmax×64%）、较大强度心率（HRmax×77%）（王正珍，2010）。然后，对每名学生中等强度以上活动时间占课堂总时间的百分比、较大强度以上活动时间占课堂总时间的百分比、中等强度活动时间占课堂总时间的百分比进行统计分析。研究结果以“平均值±标准差”表示。

二、问卷调查法

（一）测量工具

通过查阅大量国内外关于“运动教育模式”的文献资料，并根据本研究的主要研究目的与内容，研究者选取了以下量表测量学生运动动机。

1. 运动中内部动机量表

“运动中内部动机量表”最初于1982年由里安（Ryan）研制，1989年，麦考利（McAuley）、邓肯（Duncan）和塔门（Tammen）对量表进行了修订，并使用在体育教学中。问卷调查的对象需要回答18个问题，这些问题用来评估内部动机的四个维度：兴趣/乐趣，努力/重要性，主观能力，压力/紧张。例如，在一堂足球课上，量表问题包括“我非常喜欢足球课”（兴趣/乐趣），“我在足球课上非常努力”（努力/重要性），“我认为我足球踢得很好”（主观能力），“课上好好表现对我来说非常重要”（压力/紧张）。被调查者根据自己的真实感受，从“非常不同意”到“非常同意”五个级别中做出选择。1994年古达（Goudas）、比德尔（Biddle）的研究和1996年迈克尔（Mitchel）的研究已经表明，“运动中内部动机量表”在青少年体育教育研究中具有非常高的有效性和可靠性。在“运动教育模式”研究中，多位国外学者选择了该量表进行研究，其中包括2004

年特里斯坦 • L.沃尔海德（Tristan L. Wallhead）和尼克斯 • 图马尼斯（Nikos Ntoumanis）在《体育教学杂志》（*Journal of Teaching in Physical Education*）上发表的文章中选用了该量表。[①]2009 年迈克尔 • 斯皮特尔（Michael Spittle）和凯特 • 伯恩（Kate Byrne）在《体育教育与运动教学法》（*Physical Education and Sport Pedagogy*）上发表的文章也选用了该量表。[②]"运动中内部动机量表"见本书附录三。

2. 运动中任务定向和自我定向量表

目前，大量的理论和实践研究都已表明，任务定向是一种积极、主动和比较理想的目标定向状态，而自我定向是一种消极、脆弱和容易导致个体适应不良的目标定向状态。"运动中任务定向和自我定向量表"共 13 个条目，其中任务定向问题为第 1、3、5、7、9、11、13 题；自我定向问题为第 2、4、6、8、10、12 题。当个体是任务定向者时，其目标以发展个人技能、获得洞察力和掌握所学知识为目的；当个体是自我定向者时，其中心放在显示超常能力上，这类人主观成功的最终根源在竞争中，最好是能用最少的努力去打败或超越对手。"运动中任务定向和自我定向量表"见本书附录四。

3. 运动中动机氛围量表

"运动中动机氛围量表"由 21 个问题组成，包含两个维度：成绩动机氛围和掌握动机氛围。被调查者会被问到他们喜欢体育课的哪些方面，例如，在体育课上，"当我做得比其他同学好时，会感觉非常好"（成绩动机氛围），"学生因为失误被惩罚"（成绩动机氛围），"努力跳健美操会得到老师的奖励"（掌握动机氛围），"每个学生的进步都是重要的"（掌握动机氛围）。被调查者根据自己的真实感受，从"非常不同意"到"非常同意"五个级别中做出选择。1992 年，J. L. 杜达（J. L. Duda）和 L.吉（L. Chi）等的研究已经表明，"运动中动

① WALLHEAD T L，NTOUMANIS N. Effects of a sport education intervention on students' motivational responses in physical education[J]. Journal of teaching in physical education，2004（1）：4–18.

② SPITTLE M，BYRNE K. The influence of sport education on student motivation in physical education[J]. Physical education and sport pedagogy，2009（3）：253–266.

机氛围量表”具有非常高的有效性和可靠性。在“运动教育模式”研究中，2009年迈克尔·斯皮特尔（Michael Spittle）和凯特·伯恩（Kate Byrne）在《体育教育与运动教学法》（*Physical Education and Sport Pedagogy*）杂志上发表的文章中选用了该量表。“运动中动机氛围量表”见本书附录五。

（二）信度效度检验

“运动中任务定向和自我定向量表”由陈坚、姒刚彦译成中文，然后由英语专业工作者和心理学专家进行互译并共同校对，确定中英文问卷的一致性。出自中文理解方面的考虑，“运动中任务定向和自我定向量表”中文问卷中第11题与原英文稍有不同。从问卷内运动中任务定向分量表与自我定向分量表之间的相关分析结果来看，其相关系数 r 值为 0.01（$p>0.05$），表明问卷内各分量表之间没有显著性相关。根据目标定向理论的构想，说明量表具有较好的结构效度。运动中任务定向分量表的 α 系数为 0.73，自我定向分量表的 α 系数为 0.75。此结果显示出分量表内部一致性可接受。[①]

“运动中内部动机量表”和“运动中动机氛围量表”由英文量表翻译而来。问卷移植和借用国外量表，是社会科学、心理科学、教育科学研究中的普遍做法。由于语言和文化的差异，这种移植和借用面临着十分明显的效度问题，集中体现在等值性的三个方面，即语言等值性、测量等值性和功能等值性。功能等值性以测量等值性为基础，测量等值性以语言等值性为基础，三种等值性呈渐进关系或必要条件关系。本研究只是利用国外量表来观察某种现象、检验某一假说，而不涉及量表分数的跨文化比较。因此，本研究主要对以上两份量表进行语言等值性检验，然后计算三份量表内部一致性系数。具体步骤如下。

1. 往返翻译

对所有英文问卷进行往返翻译。请一个双语者先将自陈量表从英文问卷翻译成中文问卷，再请另一个双语者将中文问卷翻译成英文问卷。然后请英文母语的修订者将自陈量表的英文正本与经过往返翻译的英文自陈量表进行比较与

① 张力为，毛志雄．体育科学常用心理量表评定手册[M]．2 版．北京：北京体育大学出版社，2010．

核对，对意思差距较大的问题重新进行往返翻译。经过两次往返翻译，所有问题基本达到一致。

2. 双语双答

往返翻译结束后，为了进一步提高量表的语言等值性，对量表进行双语测验，即熟练掌握英文和中文的被试完成英文和中文两种语言版本的量表问题，然后检查被试在两份问卷相应条目上回答的一致程度。对答案不同的问题，分析原因，并对问题进行修订。

经过往返翻译和双语双答，量表的语言等值性大大提高。

3. 计算内部一致性系数

克隆巴赫 α 系数是由克隆巴赫于 1951 年提出来的，通常用来表征多个测验项目的内部一致性，因而也常被当作同置信度的重要衡量指标。一般认为，克隆巴赫 α 系数低于 0.35，信度太低，应拒绝使用；介于 0.5～0.7 之间，为可以接受；高于 0.7 为信度较高。从表 3–4 中可以看出，所有维度信度为可以接受，部分维度信度较高。

表 3–4 克隆巴赫 α 系数

量表	维度	前测 α	后测 α
运动中内部动机量表	兴趣/乐趣	0.80	0.77
	努力/重要性	0.81	0.74
	主观能力	0.55	0.75
	压力/紧张	0.58	0.59
运动中任务定向和自我定向量表	任务定向	0.82	0.87
	自我定向	0.82	0.84
运动中动机氛围量表	成绩动机氛围	0.81	0.81
	掌握动机氛围	0.81	0.82

（三）问卷调查的对象

问卷采用前测与后测，在实验前后，实验组与对照组所有学生均填写三份调查问卷。

（四）问卷的发放与回收过程

1. 问卷发放时间与方式

问卷前测安排在第一节课开始之前，问卷后测安排在最后一节课结束之后。为了保证问卷的填写质量，教师分别召集实验组和对照组所有学生在教室内相对安静与舒适的环境下填写问卷。问卷填写前向学生简要解释所有问卷问题，强调用真实的感受回答所有问题，并要求学生对不理解的问题举手向教师询问。

2. 问卷发放数量与回收情况

前测共发放问卷 300 份，回收 300 份，总回收率为 100%，有效问卷为 300 份，有效率为 100%。后测共发放问卷 300 份，回收 294 份，总回收率为 98%，有效问卷为 294 份，有效率为 100%。三份问卷发放数量统计情况见表 3–5。

表 3–5　问卷发放数量统计

量表	前测/份		后测/份	
	实验组	对照组	实验组	对照组
运动中内部动机量表	52	48	51	47
运动中任务定向和自我定向量表	52	48	51	47
运动中动机氛围量表	52	48	51	47
共计	156	144	153	141

三、访谈调查法

（一）访谈对象

本研究访谈对象为两个实验组的所有学生，共计 52 人，其中，女生 42 人，男生 10 人，平均年龄 20 岁。以阿拉伯数字 1～52 对被试进行编号，便于分析讨论。

（二）访谈形式

访谈在整个学期的健美操课结束后进行，采用半结构性访谈。由本研究的研究者做访谈的主试，按照访谈提纲，以“运动教育模式”中的每个小组为单位进行集体访谈，访谈时间为 30～60 分钟。经受访者同意，访谈全程录音。结果分析时，反复听录音资料，将访谈资料进行类属分析，誊录并分析访谈得到的主要结果。

（三）访谈提纲

运用访谈调查法的主要目的是通过与学生面对面的交流，全面深入地了解实验组学生参与健美操课的感受，判断“运动教育模式”教学目标的完成情况。2003 年，莫尔等修订了包含 9 个问题的“体育教育赛季调查表”（“Physical Education Season Survey”）。2006 年，黑斯特等根据该量表编制了“运动教育模式赛季调查表”（“Sport Education Season Survey”），所有问题都围绕“运动教育模式”的 6 个特点（赛季性、群聚性、正式比赛、成绩记录、节日氛围和赛季高潮）展开，所有题目采用开放式问题和封闭式问题相结合的方式。[①]本次访谈调查前，本研究的研究者根据“运动教育模式赛季调查表”以及我国普通高校健美操“运动教育模式”教学目标，修订了本研究访谈提纲，并通过“运动教育模式”专家反复修改与认证。访谈目的分为两部分，分别考察学生对本学期运用“运动教育模式”的健美操课的主观态度，以及对教学目标完成情况的自我评价。针对两个访谈目的，分别设有 5 个和 8 个问题，调查采用封闭性问题与开放性问题相结合的形式，其访谈目的与具体内容见表 3–6。

① HASTIE P A，SINELNIKOV O A．Russian students’ participation in and perceptions of a season of sport education[J]．European physical education review，2006（2）：131–150．

表 3–6　本研究访谈目的及具体内容一览表

访谈目的	具体内容
一、考察实验组学生对本学期运用“运动教育模式”的健美操课的主观态度	1. 你是否喜欢本学期的健美操课？为什么？ 2. 你是否喜欢分组，并在整个学期保持同一个队的队员身份？为什么？ 3. 你是否喜欢在赛季中承担其他职责？为什么？ 4. 你是否喜欢在整个赛季中安排的一系列正规比赛以及最后的冠军赛？为什么？ 5. 你是否喜欢整个健美操赛季中的节日庆祝气氛，比如使用队名、队旗、口号、海报、吉祥物等？为什么？
二、考察实验组学生对教学目标完成情况的自我评价	1. 你是否提高了健美操技战术水平和身体素质？具体表现在哪些方面？ 2. 你是否具备了一定的战术意识？具体表现在哪些方面？ 3. 你是否学到了关于健美操运动的理论知识？具体表现在哪些方面？ 4. 在履行角色职责的过程中，你是否努力完成职责？具体表现在哪些方面？ 5. 在履行角色职责的过程中，你或者队友的领导能力是否有提高？具体表现在哪些方面？ 6. 你们的团队是否团结？具体表现在哪些方面？ 7. 你是否增强了公平竞争意识？具体体现在哪些方面？ 8. 你是否会在今后继续关注和参与健美操运动？

第二节　“运动教育模式”对学生运动强度的影响

合理安排运动量，促进学生体质健康，是高校体育课程需要考虑的重要内容。运动量是由运动的频率、强度和持续时间共同决定的，其中运动强度是关键。定量分析“运动教育模式”对学生运动强度的影响、对学生体质健康的促进，是本节的主要研究内容。

一、研究结果

（一）实验组与对照组中等强度以上（>HRmax×64%）活动时间的比较

用 Polar 表监测实验组 34 名学生与对照组 34 名学生 13 次课上的心率变化范围，在所有课程结束后，对实验组和对照组中等强度以上活动时间比例进行 *t* 检验，结果如表 3–7 所示。实验组与对照组在前 3 次课没有显著性差异，但是从第 4 次课到最后 1 次课，实验组与对照组有非常显著性差异（$p<0.01$）。

表 3–7 实验组与对照组中等强度以上（>HRmax×64%）活动时间比例

课次	实验组	对照组
1	43.52%±0.13%	44.17%±0.13%
2	52.83%±0.11%	47.59%±0.20%
3	56.33%±0.21%	56.69%±0.24%
4	60.48%±0.23%**	39.71%±0.24%
5	69.01%±0.15%**	47.80%±0.27%
6	61.04%±0.20%**	41.67%±0.22%
7	68.56%±0.18%**	49.85%±0.20%
8	66.10%±0.19%**	35.32%±0.21%
9	56.02%±0.13%**	46.72%±0.10%
10	64.43%±0.16%**	45.81%±0.16%
11	62.32%±0.17%**	32.77%±0.22%
12	59.45%±0.18%**	30.74%±0.15%
13	58.73%±0.12%**	35.23%±0.02%

注：*代表实验组与对照组相比，具有显著性差异（$p<0.05$）；**代表实验组与对照组相比，具有非常显著性差异（$p<0.01$）。

从表 3–7 中可以看出，实验组 13 次课中，中等强度以上（＞HRmax×64%）活动时间比例最高的是第 5 次课，达到了 69.01%，最低的是第 1 次课，为 43.52%；实验组学生中等强度以上（＞HRmax×64%）活动时间比例达到 50%以上的共有 12 次，其中达到 60%以上的共有 7 次；而对照组 13 次课中，只有第 3 次课达到 50%以上，其余课次均低于 50%。

从图 3–1 中可以看出，前 3 次课，实验组学生与对照组学生中等强度以上活动时间接近，且都明显低于实验组第 3 次课之后的大部分课次。从第 4 次课开始，实验组学生中等强度以上活动时间比例都高于对照组。这说明在大部分课次上，实验组学生中等强度以上活动时间比例要明显高于对照组。

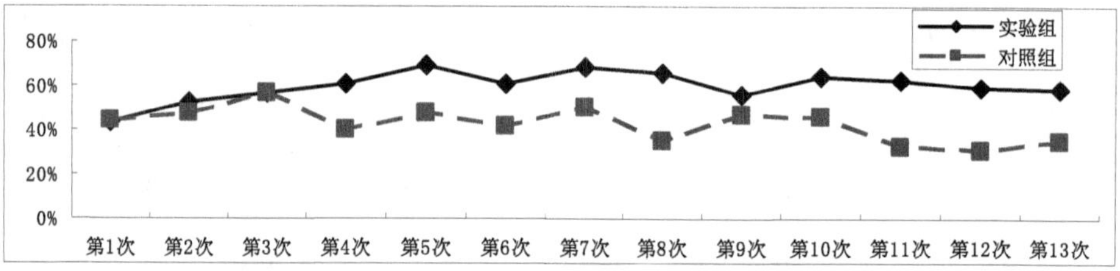

图 3–1　实验组与对照组中等强度（＞HRmax×64%）以上活动时间比例走势图

（二）实验组与对照组较大强度（＞HRmax×77%）活动时间的比较

用 Polar 表监测实验组 34 名学生与对照组 34 名学生 13 次课上的心率变化范围，在所有课程结束后，对实验组和对照组较大强度以上活动时间比例进行 *t* 检验，结果见表 3–8。实验组与对照组在前 3 次课并没有显著性差异，实验组与对照组在第 9 次课具有显著性差异（$p<0.05$），其余课次，实验组与对照组均具有非常显著性差异（$p<0.01$）。

表 3–8　实验组与对照组较大强度（＞HRmax×77%）活动时间比例

课次	实验组	对照组
1	13.78%±0.11%	13.60%±0.09%
2	14.59%±0.10%	15.72%±0.18%

续表

课次	实验组	对照组
3	16.47%±0.20%	17.19%±0.17%
4	22.16%±0.21%**	10.12%±0.10%
5	23.35%±0.13%**	10.67%±0.07%
6	22.01%±0.18%**	9.30%±0.09%
7	29.61%±0.22%**	11.64%±0.08%
8	20.60%±0.15%**	8.33%±0.05%
9	16.94%±0.10%*	11.80%±0.08%
10	22.30%±0.17%**	11.41%±0.08%
11	21.07%±0.16%**	10.09%±0.06%
12	19.15%±0.12%**	9.10%±0.09%
13	17.78%±0.05%**	7.96%±0.05%

注：*代表实验组与对照组相比，具有显著性差异（$p<0.05$）； **代表实验组与对照组相比，具有非常显著性差异（$p<0.01$）。

从表 3–8 中可以看出，实验组 13 次课中，较大强度（＞HRmax×77%）以上活动时间比例最高的是第 7 次课，达到了 29.61%，最低的是第 1 次课，为 13.78%；对照组 13 次课中，较大强度（＞HRmax×77%）以上活动时间比例最高的是第 3 次课，达到了 17.19%，最低的是最后 1 次课，为 7.96%。

从图 3–2 中可以看出，前 3 次课，实验组学生与对照组学生较大强度以上活动时间接近。从第 4 次课开始，实验组学生较大强度以上活动时间比例均高于对照组。实验说明，在大部分课次上，实验组学生较大强度以上活动时间比例高于对照组。

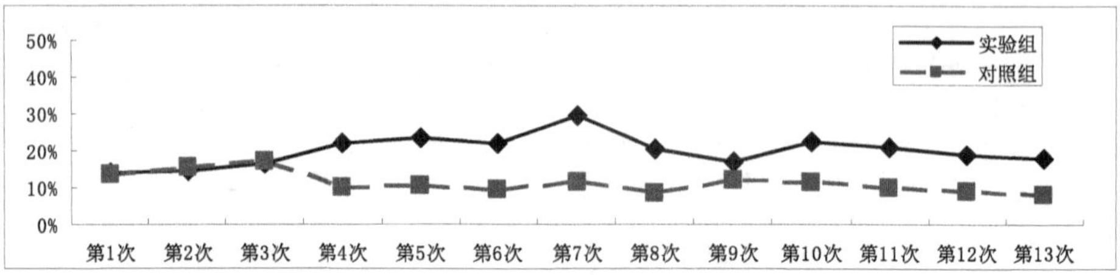

图 3–2　实验组与对照组较大强度（>HRmax×77%）以上活动时间比例走势图

（三）实验组与对照组中等强度（HRmax×64%<*x*<HRmax×77%）活动时间的比较

用 Polar 表监测实验组 34 名学生与对照组 34 名学生 13 次课上的心率变化范围，在所有课程结束后，对实验组和对照组中等强度活动时间比例进行 *t* 检验，结果见表 3–9。实验组与对照组在第 1 次、第 3 次、第 5 次、第 7 次、第 9 次课均没有显著性差异，但是实验组与对照组在第 8 次、第 10 次、第 11 次、第 12 次课均有非常显著性差异（$p<0.01$），实验组与对照组在第 2 次、第 4 次、第 6 次课均有显著性差异（$p<0.05$）。

表 3–9　实验组与对照组中等强度（HRmax×64%<*x*<HRmax×77%）活动时间比例

课次	实验组	对照组
1	29.74%±0.07%	30.57%±0.10%
2	38.23%±0.12%*	31.87%±0.11%
3	39.86%±0.13%	39.50%±0.14%
4	38.32%±0.15%*	29.59%±0.16%
5	45.66%±0.13%	37.13%±0.22%
6	39.03%±0.11%*	32.37%±0.16%
7	38.94%±0.12%	38.21%±0.16%
8	45.50%±0.14%**	27.00%±0.18%
9	39.08%±0.13%	34.91%±0.09%

续表

课次	实验组	对照组
10	42.13%±0.08%**	34.40%±0.11%
11	41.26%±0.11%**	22.68%±0.19%
12	40.30%±0.15%**	21.64%±0.11%
13	40.95%±0.11%*	27.26%±0.06%

注：*代表实验组与对照组相比，具有显著性差异（$p<0.05$）；**代表实验组与对照组相比，具有非常显著性差异（$p<0.01$）。

从表 3-9 中可以看出，实验组 13 次课中，中等强度活动时间比例最高的是第 5 次课，达到了 45.66%，最低的是第 1 次课，为 29.74%；对照组 13 次课中，中等强度活动时间比例最高的是第 3 次课，达到了 39.50%，最低的是第 12 次课，为 21.64%。从图 3-3 中可以看出，在大部分课次上，实验组学生中等强度活动时间比例高于对照组。

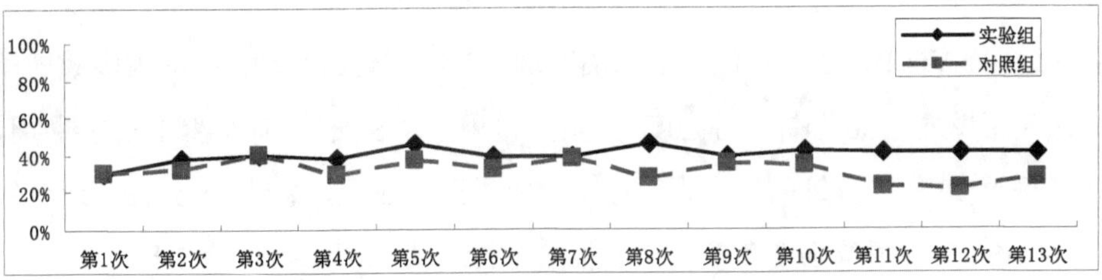

图 3-3 实验组与对照组中等强度活动时间比例走势图

二、分析与讨论

普通高等学校的学生年龄一般为 17～23 岁，正处在青春期。在这个阶段，生理发育较快，心理活动比较复杂，生理、心理变化都较大。处在青春期的大学生，其生理机能与器官逐步发育成熟，主要标志为：体格发育日臻完善，在身体形态方面，身高、体重、胸围、肩宽、骨盆都有较快的增长。身体各部分的比例关系达到正常、匀称。内脏机能显著增强，体内组织和器官的机能逐步成熟，脉搏日趋稳定并趋下降，血压处于正常，肺泡面积、容量增大，肺呼吸由浅而快变得深而缓，胃部容积增大，肌肉的蠕动力加大，胃液分泌活跃，肠的长度和容量都有增加，食欲增大，消化力加强。大脑皮层细胞活动的数量增强，大脑发育逐渐成熟。神经系统发育成熟，神经系统由于内分泌的作用，具有较强的兴奋性。[①]高校体育课上，教师应该努力使课上的运动量适合普通大学生的生理特点，促进大学生身体健康发展。

运动量是由运动的频率、强度和持续时间共同决定的，其中运动强度是关键。促进学生身体健康是体育教学的重要目标。通过运动获得的健康益处与所需要的运动强度之间有着剂量反应关系。对于静坐少动人群来说，即使是通过增加很少的体力活动来提高能量消耗，也可以使其获得健康益处。随着运动强度的增加，运动所获得的益处也随之增加。对于大多数成年人，中等强度（40%≤60%VO_2R）和较大强度（≥60%VO_2R）相结合是较为理想的提高健康水平的运动强度。《ACSM运动测试与运动处方指南》（第8版）中推荐大多数成年人进行中等强度（40%≤60%VO_2R，心率和呼吸速度明显加快）和较大强度（≥60%VO_2R，心率和血压增加幅度加大）相结合的运动；推荐大多数成年人每天至少进行30分钟中等强度的运动，每周至少5天，总计至少150分钟/周，或者每天20～25分钟的较大强度运动，每周至少3天，总计75分钟，或者每天20～30分钟中等强度和较大强度相结合的运动，每周运动3～5天（王正珍，2010）。

那么，在我国普通高校健美操教学中，两种教学模式下学生运动强度有什么区别呢？是否达到了《ACSM运动测试与运动处方指南》（第8版）中所推荐的中等强度与较大强度相结合，有利于提高健康水平的运动强度？

本研究将中等强度以上确定为＞HRmax×64%。通过遥测心率发现，在大部分课次上，实验组学生在该强度的活动时间比例要明显高于对照组。实验组

① 王海宏.《全国健美操大众锻炼标准》运动强度与普通大学生生理特点的研究[J]. 广州体育学院学报，2007，27（5）：72.

大部分课次均达到了课堂总时间的 50%以上，有相当一部分达到了 60%以上。而对照组仅有较少课次达到了课堂总时间的 50%以上，绝大部分低于 50%。2000 年，美国卫生与公共服务部（USDHHS）建议体育课上的中等强度及以上的活动时间至少达到体育课总时间的 50%。[①]随后，多名国外体育教育研究者对“运动教育模式”的运动强度进行了实证研究，研究结果不尽相同。最早是在 2002 年，黑斯特和特罗斯特就发表了一篇以学生健康水平为研究中心的文章，该研究的赛季长达 22 节课，课程由经验丰富的教师教授，整个赛季学生的中高强度活动水平达到了 60%以上，这与本研究结果是一致的。然而，帕克和柯特纳·史密斯在“运动教育模式”中，使用体能教学时间观察系统（SOFIT）研究学生的身体活动水平。这次研究最大的发现是在“运动教育模式”中，学生只有 36.6%的时间达到了中高强度活动水平；而在传统的、以练习为主的教学模式中，学生的中高强度活动时间比例略高于 50%。但是，黑斯特等在 2011 年的评论文章中指出，2005 年帕克和柯特纳·史密斯的研究中，赛季设计得非常短，只有 10 节课，每节课 30 分钟，再加上 5 节课的比赛课程，而且是由实习教师教授，这些因素都有可能对实验结果造成影响。目前，在许多运动项目中，“运动教育模式”对学生健康水平影响研究仍然存在空白，值得我们关注。

本研究还对较大强度以上（$>HRmax\times77\%$）活动时间、中等强度（$HRmax\times64\%<x<HRmax\times77\%$）活动时间分别进行了分析。研究发现，在大部分课次上，实验组学生较大强度以上活动时间比例、中等强度活动时间比例均高于对照组。综合分析可以看出，“运动教育模式”提高了学生中等强度以上活动时间比例，其中较大强度以上、中等强度均得到了提高，符合《ACSM 运动测试与运动处方指南》（第 8 版）中提出的“对于大多数成年人，中等强度（$40\%\leqslant 60\%VO_2R$）和较大强度（$\geqslant 60\%VO_2R$）相结合是较为理想的提高健康水平的运动强度”的观点，更加有利于促进学生身体健康水平的提高。

另外，在中等强度以上活动时间比例分析中发现，实验组前 3 次课比例较

① PARKER M B，CURTNER-SMITH M．Health-related fitness in sport education and multi-activity teaching[J]．Physical educatioin and sport pedagogy，2005（1）：1–18．

低，且与对照组接近；从第 4 次课开始，实验组学生中等强度以上活动时间比例增加，且高于对照组。主要原因可能是教师需要在“运动教育模式”赛季开始阶段向学生介绍该模式，完成对学生进行分组、分配角色与职责等工作，学生则需要学习并适应“运动教育模式”，完成这些任务花费了较多的时间，因此在前几次课上，实验组学生中等强度以上活动时间比例相对较低。这说明“运动教育模式”前 3 次课是泛化期，其提高学生中等强度以上活动时间比例的效果不明显，当学生熟悉“运动教育模式”后，该模式促使实验组学生在课上的活动强度、中等强度以上活动时间明显增加，有利于促进学生身体健康水平的提高。

第三节　“运动教育模式”对学生运动动机的影响

高校体育教学中，学生运动动机能在很大程度上提高学生的体育参与度，影响学生的运动效果，促进学生运动习惯的养成，从而影响终身体育观念的形成。运用动机量表定量分析“运动教育模式”对高校学生运动动机的影响，是本节的主要研究内容。

一、研究结果

（一）运动中内部动机量表（IMI）研究结果

1. IMI 实验组与对照组前测 t 检验

实验开始前，用 IMI 对实验组和对照组所有学生进行测试。对实验组与对照组前测数据进行独立样本 t 检验，结果发现，IMI 的四个维度——兴趣/乐趣、努力/重要性、主观能力、压力/紧张，均无显著性差异。这说明在实验开始前，实验组与对照组学生在运动中的内部动机处于同一水平，实验对象相似性较高。具体结果见表 3–10。

表 3–10 IMI 实验组和对照组前测 t 检验结果

维度	实验组前测（n=52）		对照组前测（n=48）		p
	m	sd	m	sd	
兴趣/乐趣	17.31	3.11	17.38	3.65	0.46
努力/重要性	15.67	2.19	15.02	2.83	0.10
主观能力	14.56	1.98	14.60	2.19	0.46
压力/紧张	11.60	2.38	11.19	2.10	0.18

2. IMI 实验组前测、后测 t 检验

实验前后，均用 IMI 对实验组所有学生进行测试。对实验组前测和后测数据进行配对样本 t 检验，结果发现，IMI 的四个维度中，兴趣/乐趣、努力/重要性，差异极其显著（$p<0.001$）；主观能力，差异非常显著（$p<0.01$）；压力/紧张，无显著性差异。这说明通过一个学期的教学，“运动教育模式”有效地提高了实验组学生在运动中的内部动机水平。具体结果见表 3–11。

表 3–11 IMI 实验组前测、后测 t 检验结果

维度	实验组前测（n=52）		实验组后测（n=51）		p
	m	sd	m	sd	
兴趣/乐趣	17.31	3.11	19.59	3.13	0.00
努力/重要性	15.67	2.19	17.08	1.83	0.00
主观能力	14.56	1.98	15.84	2.95	0.01
压力/紧张	11.60	2.38	12.04	2.41	0.17

从图 3–4 中可以看出，实验组前测、后测各个维度得分高低的排序依次为：兴趣/乐趣＞努力/重要性＞主观能力＞压力/紧张，说明学生参加体育课的内部动机首先是从兴趣出发，其次是努力/重要性，再次是主观能力，压力/紧张维

度最低。而且实验组后测四个维度的得分均有变化。兴趣/乐趣维度得分平均值由 17.31 提高到 19.59；努力/重要性维度得分平均值由 15.67 提高到 17.08；主观能力维度得分平均值由 14.56 提高到 15.84；压力/紧张维度得分平均值提高幅度最小，由 11.60 提高到 12.04。

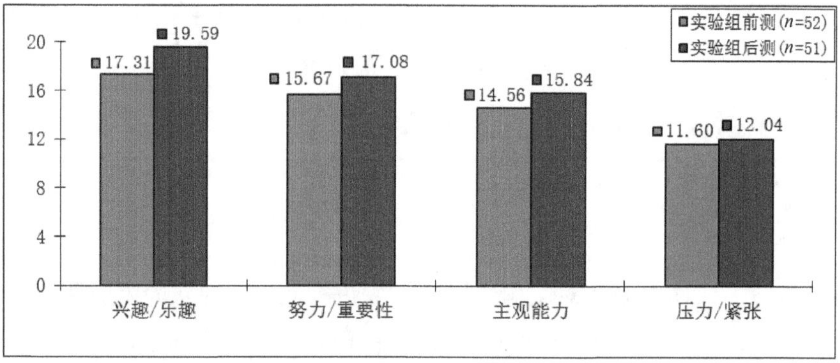

图 3–4　IMI 实验组前测、后测四个维度的比较

3. IMI 对照组前测、后测 t 检验

实验前后，均用 IMI 对对照组所有学生进行测试。对对照组前测和后测数据进行配对样本 t 检验，结果发现，IMI 的四个维度——兴趣/乐趣、努力/重要性、主观能力、压力/紧张，均无显著性差异。这说明通过一个学期的教学，我国传统体育教学模式并没有改变学生参与健美操课的内部动机水平。具体结果见表 3–12。

表 3–12　IMI 对照组前测、后测 t 检验结果

维度	对照组前测（n=48）		对照组后测（n=47）		p
	m	sd	m	sd	
兴趣/乐趣	17.38	3.65	18.47	3.96	0.08
努力/重要性	15.02	2.83	15.26	3.70	0.36
主观能力	14.60	3.19	15.64	2.59	0.10
压力/紧张	11.19	2.10	11.15	2.54	0.47

（二）运动中任务定向和自我定向量表（TEOSQ）研究结果

1. TEOSQ 实验组与对照组前测 *t* 检验

实验开始前，用 TEOSQ 对实验组和对照组所有学生进行测试。对实验组与对照组前测数据进行独立样本 *t* 检验，结果发现，TEOSQ 的两个维度——自我定向、任务定向，均无显著性差异。这说明在实验开始前，实验组与对照组学生运动中的任务定向和自我定向处于同一水平，实验对象相似性较高。具体数据见表 3–13。

表 3–13　TEOSQ 实验组和对照组前测 *t* 检验结果

维度	实验组前测（*n*=52）		对照组前测（*n*=48）		*p*
	m	*sd*	*m*	*sd*	
自我定向	17.40	4.25	16.15	3.41	0.05
任务定向	28.46	3.96	27.54	4.88	0.15

2. TEOSQ 实验组前测、后测 *t* 检验

实验前后，均用 TEOSQ 对实验组所有学生进行测试。对实验组前测、后测数据进行配对样本 *t* 检验，结果发现，TEOSQ 的两个维度中，任务定向，差异非常显著（$p<0.01$）；自我定向，无显著性差异。这说明通过一个学期的教学，“运动教育模式”有效地影响了实验组学生在运动中的任务定向水平。具体结果见表 3–14。

表 3–14　TEOSQ 实验组前测、后测 *t* 检验结果

维度	实验组前测（*n*=52）		实验组后测（*n*=51）		*p*
	m	*sd*	*m*	*sd*	
自我定向	17.40	4.25	16.75	4.76	0.23
任务定向	28.46	3.96	30.45	3.26	0.00

从图 3–5 中可以看出，实验组前测、后测两个维度得分均有变化。自我定向得分平均值降低，前测降低为 17.40，后测降低为 16.75；任务定向得分平均值增加，前测增加为 28.46，后测增加为 30.45。

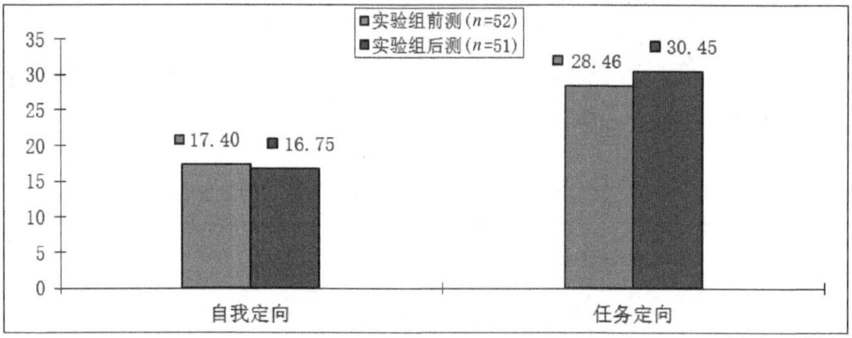

图 3–5　TEOSQ 实验组前测、后测两个维度的比较

3. TEOSQ 对照组前测、后测 *t* 检验结果

实验前后，均用 TEOSQ 对对照组所有学生进行测试。对对照组前测和后测数据进行配对样本 *t* 检验，结果发现，TEOSQ 的两个维度中，自我定向，有极其显著性差异（$p<0.001$）；任务定向，无显著性差异。这说明通过一个学期的教学，我国传统体育教学模式没有改变对照组学生在运动中的任务定向水平，但是在运动中的自我定向水平升高。具体结果见表 3–15。

表 3–15　TEOSQ 对照组前测、后测 *t* 检验结果

维度	对照组前测（*n*=48）		对照组后测（*n*=47）		*p*
	m	*sd*	*m*	*sd*	
自我定向	16.15	3.41	19.17	4.80	0.00
任务定向	27.54	4.88	28.62	5.87	0.17

（三）运动中动机氛围量表（PMCSQ）研究结果

1. PMCSQ 实验组与对照组前测 *t* 检验

实验开始前，用 PMCSQ 对实验组和对照组所有学生进行测试。对实验组与对照组前测数据进行独立样本 *t* 检验，结果发现，PMCSQ 的两个维度——成绩动机氛围、掌握动机氛围，均无显著性差异。这说明在实验开始前，实验组与对照组学生在运动中的成绩动机氛围和掌握动机氛围处于同一水平，实验对象相似性较高。具体结果见表 3–16。

表 3–16　PMCSQ 实验组和对照组前测 *t* 检验结果

维度	实验组前测（*n*=52）		对照组前测（*n*=48）		*p*
	m	*sd*	*m*	*sd*	
成绩动机氛围	30.19	6.90	31.63	4.68	0.12
掌握动机氛围	36.33	4.15	35.44	5.12	0.17

2. PMCSQ 实验组前测、后测 *t* 检验

实验前后，均用 PMCSQ 对实验组所有学生进行测试。对实验组前测和后测数据进行配对样本 *t* 检验，结果发现，PMCSQ 的两个维度中，掌握动机氛围，有非常显著性差异（$p<0.01$）；成绩动机氛围，无显著性差异。这说明通过一个学期的教学，"运动教育模式" 有效地影响了学生在运动中的掌握动机氛围水平。具体结果见表 3–17。

表 3–17　PMCSQ 实验组前测、后测 *t* 检验结果

维度	实验组前测（*n*=52）		实验组后测（*n*=51）		*p*
	m	*sd*	*m*	*sd*	
成绩动机氛围	30.19	6.90	28.86	7.01	0.17
掌握动机氛围	36.33	4.15	38.63	4.01	0.00

从图 3–6 中可以看出，实验组前测、后测两个维度得分均有变化。成绩动机氛围得分平均值降低，前测降低为 30.19，后测降低为 28.86；掌握动机氛围得分平均值增加，前测增加为 36.33，后测增加为 38.63。

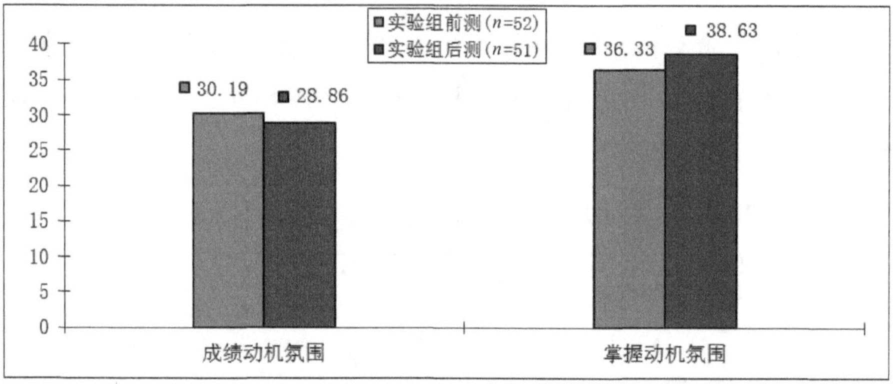

图 3–6　PMCSQ 实验组前测、后测两个维度的比较

3. PMCSQ 对照组前测、后测 t 检验

实验前后，均用 PMCSQ 对对照组所有学生进行测试。对对照组前测和后测数据进行配对样本 t 检验，结果发现，PMCSQ 的两个维度——成绩动机氛围、掌握动机氛围，均无显著性差异。这说明通过一个学期的教学，我国传统体育教学模式没有影响学生在健美操课中的感觉动机氛围水平。具体结果见表 3–18。

表 3–18　PMCSQ 对照组前测、后测 t 检验结果

维度	对照组前测（n=48）		对照组后测（n=47）		p
	m	sd	m	sd	
成绩动机氛围	31.63	4.68	30.04	5.70	0.07
掌握动机氛围	35.44	5.12	34.66	5.40	0.24

（四）三个量表相关分析

三个量表的皮尔逊相关系数见表3–19。研究结果表明，任务定向与内部动机非常相关($p<0.01$)；掌握动机氛围与内部动机、任务定向非常相关($p<0.01$)；成绩动机氛围与自我定向非常相关（$p<0.01$）。

表3–19　三个量表的皮尔逊相关系数

量表	维度	IMI			TEOSQ		PMCSQ	
		2	3	4	5	6	7	8
IMI	1	0.62*	0.78**	−0.13	0.63**	0.03	0.64**	−0.41**
	2		0.70**	−0.23**	0.56**	0.14*	0.56**	−0.36**
	3			−0.18*	0.62**	0.09	0.60**	−0.37**
	4				−0.07	−0.02	−0.08	0.11
TEOSQ	5					0.13	0.65**	−0.28**
	6						−0.05	0.38**
PMCSQ	7							−0.32
	8							

注：1. 兴趣/乐趣；2. 主观能力；3. 努力/重要性；4. 压力/重要性；5. 任务定向；6. 自我定向；7. 掌握动机氛围；8. 成绩动机氛围。

*代表有显著性（$p<0.05$）。

**代表非常显著（$p<0.01$）。

二、分析与讨论

“动机”一词，源于拉丁文“movere”，即推动的意思。常用的与动机类似的词很多，如“欲望、愿望、抱负、目的、需要、驱力、动因、诱因”等。在研究上，不同的词有不同的意义。[①]动机作为行为的起点和原因，在心理学涉

① HOUSTON J P. Motivation[M]. New York：Macmillan Publishing Company，1985.

及的许多领域都是十分重要的，体育运动领域也不例外。[①]运动动机是指人们参加运动活动的动力，具有启动人的行为，并使行为以一定强度在运动活动中保持的特性。一定水平的运动动机使体育活动参与者在运动活动中表现得更加努力，更能集中精力，练习的时间更长，坚持的时间更长，低运动动机则可能使个体放弃并退出体育活动。[②]本研究运用了“运动中内部动机量表”“运动中任务定向和自我定向量表”“运动中动机氛围量表”，对实验组和对照组学生的运动动机进行了调查。

（一）运动中内部动机

研究结果表明，通过运用“运动教育模式”，能更加有效地提高学生在运动中的内部动机水平。这与2009年迈克尔·斯皮特尔和凯特·伯恩在《体育教育与运动教学法》（*Physical Education and Sport Pedagogy*）上发表的文章《运动教育模式对学生运动动机的影响》（“Influence of Sport Education on Student Motivation in Physical Education”）得出的研究结果是一致的。个体参加活动的动机一般都由内部动机和外部动机所引发，但是，由内部动机所激起的行为是指不接受任何一种外部奖励的行为，它本身就是一种有价值的行为。内部动机是由一个人发挥内在才能的需要以及自我决定对环境的需要所激起的。许多研究发现，内部动机比外部动机更能使人积极地奔向目标，持续作用的时间更长。具有内部动机的行为，其重要特征是，即使达到目标，个体也还能保持自我能力感，动机水平并不下降；而外部奖励的行为，个体在达到目标、获得奖励之后，动机水平可能会降低。所以说内部动机是一种积极的动机形式。在一般情况下，学生在运动中的内部动机愈强烈，练习的积极性愈高，潜能的发挥愈好，取得的效率也愈高。因此，运动中内部动机对学生的行为效果或练习效率的影响是不容置疑的。[③]

---

① 马启伟，张力为．体育运动心理学[M]．杭州：浙江教育出版社，1998．

② 张力为，任未多．体育运动心理学研究进展[M]．北京：高等教育出版社，2000．

③ 龚万达，王俊杰，邱淑女．体育赛会大学生志愿者内部动机的因子分析[J]．杭州师范学院学报（自然科学版），2007，6（4）：300．

从研究结果中可以看出，实验组学生参加健美操课的内部动机首先是从兴趣/乐趣出发，其次是努力/重要性，再次是主观能力，压力/紧张维度最低。兴趣/乐趣维度表明学生对健美操课感兴趣，实验组运用“运动教育模式”使学生在健美操课中获得了更多的快乐，学生对健美操课感兴趣，其在健美操课上的乐趣增加，对健美操课的兴趣进一步提高。努力/重要性维度表明学生重视健美操课，在实验组运用“运动教育模式”使学生更加重视健美操课，学生在健美操课上付出更多努力。主观能力维度表明学生自身有足够的能力参与健美操课，在实验组运用“运动教育模式”使所有学生充分参与到健美操课中来，且使学生自身所具备的参与健美操课的能力增强。压力/紧张维度得分最低，表明学生在健美操课上是相对轻松的。斯金纳的行为主义心理学认为，过大的压力使人容易逃避任务，学生参与体育课的积极性若遭到打击，则会产生负强化，会减少学生参与运动的次数或降低其质量，而轻松的环境更容易营造和谐的参与氛围。另外，因为实验组学生第一次学习并运用“运动教育模式”，对该教学模式不是太熟悉，运用起来略显生疏，所以可能对压力/紧张维度得分有影响。在“运动教育模式”中，当学生对健美操课感兴趣，重视健美操课，认为自己有足够的能力参与健美操课，且学生能在较为轻松的环境中参与健美操课时，学生内部动机得到提高。

（二）运动中任务定向和自我定向

研究结果表明，通过运用“运动教育模式”，有效地影响了我国普通高校大学生运动中任务定向和自我定向水平，实验组学生在运动中的任务定向水平提高，对照组学生在运动中的自我定向水平提高。这与 2009 年迈克尔 • 斯皮特尔和凯特 • 伯恩在《运动教育模式对学生运动动机的影响》中得出的研究结果是一致的。目标定向理论是新近认知心理学家试图运用社会认知理论的原理研究个体在成就情景中的动机和行为的理论。目标定向理论提出，在成就情景中，有两种主要的目标取向或者说是人们主观上界定成功的基础，一种是任务定向者（Task Orientation），一种是自我定向者（Ego Orientation）（Nicholls，1989）。个体可能是某种目标取向，也可能两者都有，这两种目标取向与人们如何定义成功及如何判断自身能力相联系。当个体是任务定向者时，其由能力知觉与活动类型引起的成功感觉是以自己作为参照标准，其目标的组成是以发展个人技巧、获得洞察力、掌握知识为内容的。这种类型的人认为，在成就情景中，成功必须通过努力学习、充分理解所学知识以及与同伴合作才能取得。当个体被认为是自我取向者时，其中心是放在显示超常能力上，他们对自己的能力判断是以社会比较为参照标准的。这类人主观界定成功的最终根源是，在竞争中用更少的努力去打败对手或超越对手。[①]成就目标定向理论预测，两种不同的目标定向与成就情景中个体的行为表现有着密切关系。目前，大量的理论性和实证性研究已经表明，任务定向是一种积极、主动和比较理想的目标定向状态，而自我定向是一种消极、脆弱和容易导致个体适应不良的目标定向状态（张力为，2004）。

从研究结果中可以看出，实验组学生任务定向水平提高后，更加积极努力地参与到健美操课中来，更加深刻、扎实地学习到健美操相关的运动知识，更加懂得如何与同伴合作取得成功。“运动教育模式”有利于促进学生任务定向水平的提高，原因是多方面的，这与“运动教育模式”的自身特点息息相关。首先，“运动教育模式”强调公平竞争，在体育教学中发展学生公平竞争的意识：积极参与练习与比赛；努力履行各自的职责；尊重每个人公平参与练习和比赛的权利，欣赏队友与对手；认真比赛，正确面对成败；乐于助人，学会感恩。其次，“运动教育模式”强调让所有的学生都参与到运动中来，包括在以往的体育课上从不积极参与运动的学生，以及有身体条件限制的学生，并以学生自身为参照标准，重视每个人的进步。再次，“运动教育模式”通过学生分组，强化团队凝聚力和团队协作精神，学生在运动中学会如何通过团队共同努力取得胜利。“运动教育模式”在这些方面的有利因素都促进了学生任务定向水平的提高。

---

① 陈坚，姒刚彦.《运动中任务定向和自我定向问卷》与《学业中任务定向和自我定向问卷》的初步检验[J]. 湖北体育科技，1998（3）：44–48.

（三）运动中动机气氛

研究结果表明，通过运用“运动教育模式”，有效地提高了实验组学生在运动中的掌握动机氛围水平；而传统体育教学模式，并没有太多地改变学生在运动中的掌握动机氛围和成绩动机氛围水平。 这与 2004 年特里斯坦 • L.沃尔海德（Tristan L. Wallhead）和尼科斯 • 图马尼斯（Nikos Ntoumanis）的研究所得出的结果一致。J.塞弗里茨（J. Seifriz）等根据目标取向理论，设计出了“运动中动机氛围量表”，用来调查运动员如何感知教练所营造的团队动机气氛，并探讨运动员所认知的团队动机氛围与个人目标取向、成功信念之间的关系。结果发现团队中的动机氛围会影响到个人的目标取向，尤其在掌握动机氛围方面与内在兴趣呈正相关，而表现动机氛围与内在兴趣呈负相关。①因此，不同的环境氛围与运动员的参与动机有显著的相关性。当一种环境氛围强调个体的竞争、公开的评价和社会的比较时，就会促进个体的成绩目标定向；而如果强调学习过程的参与、个体技能的掌握、自我比较的环境氛围时，则会促进个体的掌握目标定向。艾米斯对成就目标理论的推测，即强调在个人进步和掌握动机氛围中，个体更可能因为任务本身的目的而参与到活动中去，关注在完成任务过程中个人的提高和发展，并能保持较高的能力知觉和自我决定感，从而导致内部动机的提高。相反，在强调标准成绩、个人之间竞争和社会比较的动机氛围中，由于个体关注的是获得标准性的成功结果，其能力知觉受外在标准的指导，所以更可能产生缺乏能力感和自我决定感，从而导致内部动机的削弱，发展和保持自信心就比较困难。因此，掌握动机氛围是积极的动机氛围，成绩动机氛围是消极的动机氛围。

从研究结果中可以看出，“运动教育模式”促进了实验组学生掌握动机氛围水平提高，促使成绩动机氛围水平降低，更加有利于提高学生参与健美操课的兴趣，让学生能够更好地上健美操课。这种现象的出现，是因为“运动教育模式”在健美操教学中创造了一种独特而积极的学习氛围，这种学习氛围是通

---

① SEIFRIZ J，DUDA J L，CHI L．The relationship of perceived motional climate to intrinsic motivation and beliefs about success in basketball[J]．Journal of sport & exercise sychology，1992（4）：375–391.

过学生分组、承担不同职责、开展一系列正式比赛等教学策略实现的。每个学生都参与到练习和比赛中来，为了团队共同的目标而努力提高自己，从而促进了掌握动机氛围水平的提高。

（四）三者相互关系

综合以上分析可以看出，在我国普通高校健美操教学中，运用“运动教育模式”，有利于促进学生运动中内部动机水平、运动中任务定向水平，以及运动中掌握动机氛围水平的提高。然而，运动中内部动机、运动中任务定向与自我定向、运动中动机氛围这三者之间又有怎样的联系呢？以往的研究已经证明目标定向和内部动机的联系，无论个体自我定向和能力如何，高任务定向都已经被发现是最佳的内部动机预测因子，例如：快乐、满意、能力、努力和长期参与。相反，自我定向只有在以下两种条件下才可以产生最佳的内部动机：感觉高能力和在高任务定向的环境中。若不在这两种条件中，自我定向将会出现低水平的内部动机，例如：焦虑、烦恼、压力、缺少努力和坚持性。已有研究也表明，动机氛围具有重要的作用。掌握动机氛围与情绪、努力以及坚持性呈正相关，而成绩动机氛围与努力和快乐呈负相关。目标定向理论的研究提出，一个人是任务定向还是自我定向，是个体的人格特质与情境因素的函数。个体在成就目标上的特质差异决定了采取一种特殊行为的可能性，而情境因素能唤起这种潜在的可能性。当一种情境氛围强调个体的竞争、公开的评价和社会的比较时，就会促进个体的自我定向；而如果强调学习过程的参与、个体技能的掌握、自我比较的情境时，则会促进个体的任务定向。掌握动机氛围与内在兴趣呈正相关，是积极的；而表现动机氛围与内在兴趣呈负相关，是消极的。[①]也有学者已经证明，体育教学中创造掌握动机氛围有利于学生体育学习内部动机的提高；体育教学中成绩动机氛围会降低学生体育学习内部动机；体育教学中掌握动机氛围有利于学生任务定向的形成。[②]

---

① 鲍晓玲，杨俊敏，刘跃峰．体育课动机气氛对维汉中学生目标定向、社会性体格焦虑的影响[J]．西安体育学院学报，2010，27（2）：247．

② 苏煜．运用自我决定理论对高中生体育学习缺乏动机机制的研究[D]．上海：华东师范大学，2007：103．

从本研究三个量表相关分析结果可以看出，任务定向与内部动机非常相关（$p<0.01$），掌握动机氛围与内部动机、任务定向非常相关（$p<0.01$）；而成绩动机氛围与自我定向非常相关（$p<0.01$）。本研究结果与以往的研究结果一致。

第四节 “运动教育模式”对学生的全面培养

“运动教育模式”能够实现多重教育目的，这也是高校体育教育的目标，即不仅仅是提高学生身体素质，还应该通过体育培养适应社会发展与需求的完整的人。本节通过定性分析的方法，访谈调查实验组学生，旨在分析与探讨“运动教育模式”对学生的全面培养。

依据访谈提纲，在所有课次结束后，对实验组每队进行集体访谈。按照赛季的分组，两个实验班 52 名学生，分成了 8 个小组，研究者分别对这 8 个小组进行集体访谈。访谈结束后，对访谈录音资料进行整理，并截取有代表性的访谈原文进行说明，具体结果如下。

一、学生对“运动教育模式”的主观态度

（一）学生对本学期健美操课的总体态度

首先询问受访者对本学期健美操课的总体态度。问题：你是否喜欢本学期的健美操课？为什么？重点是考察学生对健美操课的总体态度，并为后面的访谈奠定基础。

典型访谈记录与分析如下。

学生 7:“我以前对体育课不感兴趣，但是这学期的健美操课，非常有意思，每节课我都挺兴奋的。”

学生 18：“我非常喜欢我们的健美操课，因为它跟以前的健美操课有很多不一样的地方。”

学生 20：“我喜欢上健美操课，我在健美操课上学到了很多东西，我的收获很大。”

对每个小组进行集体访谈，绝大多数学生表示喜欢本学期的健美操课，只有 6 名学生未表态或表示一般。访谈调查结果表明，大部分学生对本学期健美操课持肯定态度，学生在课上充满乐趣，有很多收获，他们愿意上健美操课。在掌握学生对本学期健美操课的总体态度之后，继续深入访谈，考察学生对本学期运用了“运动教育模式”的健美操课各个方面的态度。

（二）学生对分组的态度

在赛季开始之初，教师对学生进行分组，访谈调查也是按照赛季中的分组进行集体访谈。问题：你是否喜欢分组，并乐意在整个学期保持同一个队的队员身份？重点考察学生是否喜欢“运动教育模式”中分组这种形式，以及喜欢或不喜欢的原因。

典型访谈记录与分析如下。

学生 1：“我喜欢和我的队友们在一起。因为我们队很团结，大家都很努力地参与比赛。”

学生 10：“赛季开始之初，我们分在了同一个队，我喜欢我们队的每一个同学，大家相处得非常融洽。”

学生 39：“分组的形式非常好，我们每个人由一开始不认识，到最后非常熟悉，我非常高兴通过健美操课认识了这么多新朋友。”

学生 51：“在每个小队里，每个人都有不同的分工，大家配合得很默契。”

当问到学生对分组的态度时，学生发言非常积极，8 个小组中，大部分学生都对分组持肯定态度，学生表示他们很喜欢与队友在一起，通过分组加深了同学间的了解，大家在一起很团结，也非常享受大家一起努力比赛；只有 2 名学生认为没必要分组；有 1 名学生表示无所谓。

（三）学生对分配角色和职责的态度

学生在小组里，除了队员身份，每名学生还分别扮演了其他不同的角色。问题：你是否愿意在赛季中承担其他职责？为什么？重点考察学生扮演不同角色、履行各自职责的态度。

典型访谈记录与分析如下。

学生 3:“我担任了我们队的队长，我感觉到了我身上肩负的责任，有时候会有压力，但是当我带领全队同学获得比赛胜利，或者由于我们队课上表现突出得到老师认可时，我感觉非常自豪和高兴。”

学生 5:“我第一次担任健美操比赛的裁判员，我非常认真地学习如何当好一名裁判员。”

学生 11:“每个人都有不同的角色，每个人都需要承担不同的职责，这让我们每个人都学会了各负其责，承担责任。”

学生 39:“课上队友们都尽力完成自己的职责，使我们的训练和比赛非常有序。”

访谈调查结果表明，实验组 52 名学生中，大部分学生对分配角色和职责持积极的态度，表示愿意以积极的态度对待自己扮演的角色和应承担的职责；只有 4 名学生未表态；有 2 名学生认为有个别裁判员在比赛中有失公正。

（四）学生对正式比赛的态度

正式比赛基本上贯穿了整个赛季，学生以队为单位参加比赛。问题：你是否喜欢在整个赛季中安排的一系列正规比赛以及最后的冠军赛？为什么？重点考察学生对赛季中比赛的看法。

典型访谈记录与分析如下。

学生 23:“我以前从未参加过健美操比赛，这学期的健美操课我能够参加健美操比赛，这是我以前不敢想象的。”

学生 38:“比赛特别有意思，每场比赛都特别令人兴奋，我总是希望我们队在比赛中得第一。”

学生 40:“我觉得通过每次比赛，我们的健美操技术都会得到一次大的提高。”

学生 43:“比赛的胜负依靠全队每个人的努力，我们队每个人都非常努力地训练，希望我们队取得胜利。”

访谈调查结果表明，实验组 52 名学生中，大部分学生对赛季中的一系列比赛持积极态度，对参加比赛感到兴奋，而且希望在比赛中获得好名次；只有3名学生表示不喜欢比赛，对本队在比赛中的胜负不感兴趣。

（五）学生对节日庆祝氛围的态度

在整个赛季中，教师努力创造节日庆祝氛围，赛季氛围在赛季末的冠军赛中达到高潮。问题：你是否感受到了整个健美操赛季的节日庆祝气氛？你喜欢这种氛围吗？为什么？重点考察学生对节日庆祝氛围的感受和态度。

典型访谈记录与分析如下。

学生6：“这学期的健美操课总是给我特别开心、快乐的感觉，课堂氛围特别好，大家都特别愿意来上课。”

学生11：“我非常喜欢我们的队名、队旗、口号，以及我们贴在墙上的海报，每次上课站在我们队的练习区域，都特别有归属感和自豪感。”

学生17：“每节课的比赛把课堂氛围推向高潮，队友们都特别重视比赛，每次轮到我们队上场时，我都感到既紧张又兴奋。”

学生35：“赛季最后的冠军赛最激动人心了，我们每一个人都努力练习，希望在最后的比赛中获得最好的成绩。”

访谈开始时，学生较少给出切题的回答，可能因为对“节日庆祝氛围”的意思模糊不清。研究者通过界定“节日庆祝氛围”，并举例说明，逐渐引导学生，终于打开了学生的话匣子。访谈调查结果表明，实验组52名学生中，大部分学生喜欢本学期健美操课上的氛围，认为这种课堂氛围让他们非常喜欢健美操课，愿意与队友一起参与比赛，争取好的比赛成绩；只有2名学生表明没有感觉到节日庆祝氛围。

二、学生对教学目标完成情况的自我评价

（一）技术水平与身体素质

学习一项运动，提高技术水平是最基本的。在本实验中，健美操技术学习的主要内容是《全国健美操大众锻炼标准（第3套）》二级动作。通过访谈，调查实验组学生在技术水平与身体素质教学目标方面的自我评价，考察本学期健

美操课对学生技术水平与身体素质的影响。

典型访谈记录与分析如下。

学生 2:"在赛季刚开始时，我觉得跳好健美操对我来说挺难的，自己可能学不会，但是赛季结束时我能够完整地将整套操跳下来，我非常高兴。"

学生 5:"通过这学期的健美操课，相比以前，我对健美操基本动作的驾驭能力更强了，我觉得我跳得更协调、动作更标准了。"

学生 19:"我跳健美操的水平提高了，音乐和动作配合得更好了，而且总是能很快地学会新动作和组合。"

学生 23:"我熟练地掌握了本学期所学的这套操，并且能够与队友一起参加比赛，出色地完成比赛任务。"

学生 43:"我们队从刚开始跳得乱七八糟，到后来大家的动作越来越标准，所有人的动作也越来越整齐，我们的健美操技术水平真的提高了。"

学生 52:"通过这学期健美操课的学习，我觉得我的协调性、柔韧性等身体各方面的素质提高了。"

实验组 52 名学生对自身技术水平和身体素质的评价都表明，通过本学期健美操课的学习，健美操技术水平和专项身体素质都得到了提高。

（二）战术意识

按照项群理论，健美操属于技能主导类表现难美性项群，虽然技术在比赛中起决定性作用，但是合理运用战术也有利于获得比赛胜利。通过访谈调查，询问实验组学生在战术意识方面的自我评价，考察本学期健美操课对学生战术意识的影响和提高。

典型访谈记录与分析如下。

学生 1:"我们重视每一场比赛，因为赛季冠军是由所有比赛的积分决定的。"

学生 3:"在编排比赛队形时，我们尽可能地突出我们队的优势，争取更高的得分。"

学生 22:"在编排开始和结束时，我们倾向于选择全队所有人都能熟练掌握的动作，以提高成功完成全套动作的概率。”

学生 37：“我们很重视技术动作的熟练性和标准性，似乎很少考虑如何运用战术。”

学生 41：“我觉得技术是比赛胜利的关键，其他都是次要的。”

实验组 52 名学生中，有 24 名学生谈到了如何从战术上提高成功率；有 16 名学生认为在比赛中很少考虑到运用战术；有 7 名学生未发表意见；有 5 名学生认为战术不重要，不需要提高战术意识。访谈调查结果表明，在“运动教育模式”中，只有部分学生的战术意识有一定程度的提高，这可能是因为健美操属于技能主导类表现难美性项群，学生技术动作的好坏对比赛胜负起到了决定性的作用。

（三）理论知识

在我国普通高校健美操教学中运用“运动教育模式”，不仅仅要提高学生运动技能与水平，也要有助于学生对该项运动更深层次的理解和认识，增进学生对健美操项目的理解。在本实验中，主要包括对健美操基本动作名称的学习，健美操裁判法的理解与运用等。通过访谈调查，询问学生对健美操理论知识的掌握情况。

典型访谈记录与分析如下。

学生 10：“以前对健美操不太了解，通过这学期的学习，不仅学习了健美操动作技术，还学习了基本步伐的名称，学习了如何去做健美操裁判员，如何去评判健美操动作的好坏。”

学生 21：“这学期的健美操学习，不仅仅是学习健美操动作，还学习了健美操项目的理论知识，使我对健美操的理解更深刻了。”

学生 22：“学习健美操基本步法的名称非常重要，这些动作名称，帮助我记住了整套动作组合。”

学生 36：“在学习健美操裁判法的过程中，随着我对健美操裁判法的理解加深，我对健美操动作要领的掌握也更加准确。”

学生 37：“我认为对健美操项目理论知识的掌握还不够，不是特别了解。”

学生 45："对于健美操的项目理论知识教授方面，这学期的健美操课与以往的健美操课相比，差别不大。"

访谈调查结果表明，实验组 52 名学生中，有 27 名学生认为自己在本学期健美操课的学习中学习和掌握了健美操项目的理论知识；有 20 名学生认为对健美操理论知识的学习还不够，需要加强；有 5 名学生认为与以往的健美操项目相比，对健美操项目理论知识的学习区别不大。这也表明在有限的 13 次课的学习中，既要学习健美操技术动作，又要组织健美操比赛，还要较好地掌握部分健美操项目理论知识，是比较有挑战性的。当教师能够熟练地运用"运动教育模式"之后，这个问题可能会得到更好的解决。

（四）责任感

在赛季开始之初，教师对学生进行分组，并分配了角色，学生在赛季中履行角色职责，从而培养责任感。通过访谈调查，询问学生是否努力完成了职责，从而考察培养学生责任感教学目标的实现情况。

典型访谈记录与分析如下。

学生 3："我担任了音乐策划，我总是努力为我们队选择和编辑好的比赛音乐。"

学生 13："每节课开始部分，作为我们队的教练，我带领全队进行热身活动，我总是认真地在课前做好准备，希望队友们在我的带领下充分热身，复习上节课所学的动作组合。"

学生 14："作为裁判员，我觉得自己肩负的责任非常重，要准确理解裁判规则，努力做好每一场比赛的裁判工作。"

学生 28："我是器材管理员，在每节课开始和结束时，我总是认真发放和回收心率表。"

访谈调查结果表明，实验组 52 名学生中，大部分学生评价自己认真完成了所承担的职责，认真负责的意识得到了提高；有 2 名学生都认为自己的负责意识提高得不多。

（五）领导力

“运动教育模式”中，每个队都有队长、教练等具有领导职责的角色。担任这些角色的学生，在赛季中是否通过履行角色职责，培养了领导能力，这是访谈调查的目的。通过访谈调查，让学生自己评价是否提高了领导能力，从而考察领导力教学目标的实现情况。

典型访谈记录与分析如下。

学生 4:“我以前从未担任过学生干部，在这学期中，我却担任了我们队的队长，最开始的时候，我觉得自己肯定干不好，后来在老师的鼓励和指导下，在队友的支持下，我竟然带领我们队获得了赛季冠军，我觉得这学期的健美操课让我收获很多。”

学生 25:“我们队的教练非常优秀，大家都很喜欢他，愿意跟他在一起练习，他总是能带领我们在比赛中发挥出我们最好的水平。”

学生 33:“作为教练，我总是尽可能地注重自己对待队友的方式、方法，通过这学期的健美操课，我发现自己在队友心目中的地位提高了，大家都非常信任我，听从我的指挥。”

学生 34:“队长很优秀，他总是能让我们队所有人都努力练习，争取比赛的胜利。”

学生 45:“作为队长，我非常自豪，因为我们队在我的带领下，非常团结，并取得了优异的成绩，我觉得我是一名非常成功的队长。”

学生 49:“我觉得我们队教练的说话方式不是特别友好，他不太考虑我们的感受。”

学生 50:“我不太愿意听队长的指挥，他不太能说服我。”

访谈调查结果表明，实验组 52 名学生中，大部分学生评价自己或是评价自己队的队长或教练领导能力强，很好地履行了领导全队的职责；有 3 名学生委婉地批评了本队队长或教练；有 5 名学生未发表意见。综合分析国内外对“运动教育模式”的研究，不难发现，对学生领导力的培养是“运动教育模式”教学中的难点，未来的研究应该关注如何更好地培养学生的领导力，让学生以更好、更恰当的领导方式领导队员，同时避免独裁等错误行为的产生。

（六）团队凝聚力

在本学期健美操课上，实验组学生以团队为单位进行练习，参与比赛。学生之间只有相互帮助、相互学习，才能共同提高，取得团队的胜利。通过访谈调查，询问学生在团队凝聚力方面的自我评价，考察团队凝聚力教学目标的实现情况。

典型访谈记录与分析如下。

学生 8：“我们队非常团结，每个人都希望通过自己的努力争取团队的胜利。”

学生 9：“在学习健美操基本动作的过程中，当我遇到困难时，我的队友总是积极主动地帮助我，使我顺利地掌握了所有技术动作，我非常感谢他们。”

学生 13：“有一次我在练习中扭伤了脚，是我的队友轮流把我背回了寝室。”

学生 20：“在每次比赛前，队长都组织我们大声喊出我们队的口号，每当这时我们都特别激动，感觉到自己是团队的重要一分子。”

访谈调查结果表明，实验组 52 名学生中，所有学生都认为在本学期健美操课的学习中，团队成员都非常团结。各队在争取赛季冠军的过程中，每名队员都付出了努力，都为团队的胜利贡献了力量。在整个学习过程中，团队凝聚力得到了淋漓尽致的体现。

（七）公平竞争意识

体育中的公平竞争意识是竞技体育的优秀文化产物。通过访谈调查，考察实验组学生通过健美操课的学习，是否具备或者增强了公平竞争意识。

典型访谈记录与分析如下。

学生 5：“为了在比赛中获胜，我们更加积极地练习，努力提高健美操技术动作水准。”

学生 15：“我们总是认真对待每一场比赛。”

学生 29：“在其他队上场比赛时，我们为他们加油，祝福他们发挥出自己的真实水平。”

学生 38：“当我们的积分落后时，我们不是仇视其他队，而是相互鼓励、努力练习，争取打好下一场比赛。”

学生 49：“当我们获得赛季冠军时，我们与其他队友好地交流，感谢他们的祝贺。”

访谈调查结果表明，实验组 52 名学生中，大部分学生在公平竞争方面有较好的表现，本学期的健美操课增强了他们的公平竞争意识；有 4 名学生认为本学期的健美操课对增强公平竞争意识不明显。

（八）终身体育观念

终身体育观念一直是学校体育的重要目标。只有增强了学生的终身体育观念，才能使他们在走出校园、进入社会之后仍然保持参与体育锻炼的习惯，从而从长远角度提高全民体质健康水平。通过访谈调查，考察运用了“运动教育模式”的健美操课，是否有利于促进学生终身体育观念的形成。

典型访谈记录与分析如下。

学生 13：“通过健美操课的学习，我的健美操运动水平有了很大的提高，我希望通过自己的努力进入学校健美操队，在课余时间继续练习健美操。”

学生 20：“本学期的健美操课，使我对健美操项目有了更深刻的了解，我会在今后更多地关注这个项目的发展。”

学生 31：“我喜欢上了健美操运动，我希望在我毕业、走上工作岗位后还能继续参与这项运动。”

学生 43：“这学期的健美操课非常特别，我在课上收获很多，提高了对运动的兴趣，我喜欢上了体育课和体育锻炼。”

访谈调查结果表明，实验组 52 名学生中，大部分学生都表示会在今后关注或者参与健美操运动；有 3 名学生表示本学期的健美操课结束后，可能不会主动参与健美操运动。

从上述被访谈者的表述中，可以感受到大部分学生对“运动教育模式”持积极的态度，学生对教学目标完成情况也给予了肯定。但是，由于研究者时间和精力有限，本次访谈是以集体访谈的形式进行的，因此，访谈过程中难免会有部分学生因为顾忌其他队友的感受，而没有完全表达自己的看法和意见。在今后的研究中，研究者应该更加全面、严谨地设计访谈过程。

第五节 小　结

实证研究部分，主要是通过在我国普通高校健美操教学中，分别运用“运动教育模式”和我国传统体育教学模式，调查学生在两种不同的体育教学模式下运动强度、运动动机的差异，考察学生对“运动教育模式”的主观态度和对教学目标实现情况的自我评价。

通过监测两种不同的教学模式下学生心率的变化范围，发现以下结果。

（1）在大多数课次上，学生在“运动教育模式”下的中等强度以上活动时间比例、较大强度以上活动时间比例、中等强度活动时间比例均显著高于我国传统体育教学模式。学生中等强度以上活动时间比例的提高有利于学生健康水平的提高，特别是当中等强度与较大强度活动时间比例均得到提高时，符合《ACSM 运动测试与运动处方指南》（第 8 版）中所推荐的，“对于大多数成年人，中等强度（40%≤60%VO_2R）和较大强度（≥60%VO_2R）相结合是较为理想的提高健康水平的运动强度”的观点，更加有利于学生的健康发展。

（2）在大多数课次上，学生在“运动教育模式”下的中等强度以上活动时间比例达到并超过了 50%，符合 2000 年由美国卫生与公共服务部（USDHHS）提出的体育课上中等强度及以上活动时间至少达到体育课总时间 50%的标准。

（3）前 3 次课是“运动教育模式”的泛化期，两种教学模式下，学生的运动强度相似或相近。泛化期存在的主要问题是，在“运动教育模式”赛季开始阶段，教师需要向学生介绍该模式，完成学生分组、分配角色与职责等工作，学生则需要学习并适应“运动教育模式”，完成这些任务花费了较多的时间，当学生逐渐熟悉“运动教育模式”后，学生才能够更好地参与到健美操课中来，学生运动强度也随之提高。

通过调查两种不同的教学模式下学生运动动机的差异情况，发现以下结果。

（1）通过运用“运动教育模式”教学，学生在“运动中内部动机量表”中的四个维度得分均值均有提高，特别是在兴趣/乐趣、努力/重要性两个维度上，差异极其显著（$p<0.001$）；在主观能力维度上，差异非常显著（$p<0.01$）。然而，通过运用我国传统体育教学模式教学，学生在“运动中内部动机量表”中的四个维度均无显著性差异。

（2）通过运用“运动教育模式”教学，学生在“运动中任务定向和自我定向量表”中的任务定向得分均值提高，差异非常显著（$p<0.01$）；自我定向得分均值降低，无显著性差异。然而，通过运用我国传统体育教学模式教学，学生在“运动中任务定向和自我定向量表”中的自我定向得分均值提高，有极其显著性差异（$p<0.001$），任务定向得分均值提高，但无显著性差异。

（3）通过运用“运动教育模式”教学，学生在“运动中动机氛围量表”中的掌握动机氛围均值提高，差异非常显著（$p<0.01$）；成绩动机氛围均值降低，无显著性差异。然而，通过运用我国传统体育教学模式教学，学生在“运动中动机氛围量表”中的掌握动机氛围、成绩动机氛围，均无显著性差异。

（4）三个量表相关分析表明，任务定向与内部动机非常相关（$p<0.01$）；掌握动机氛围与内部动机、任务定向非常相关（$p<0.01$）；成绩动机氛围与自我定向非常相关（$p<0.01$）。

通过对实验组学生进行访谈，考察学生参与健美操课的主观态度和对教学目标实现情况的自我评价，发现以下结果。

（1）大部分学生对“运动教育模式”持积极的态度，乐于参与到“运动教育模式”的各个环节中来，喜欢分组的形式，认真对待自己扮演的角色和应承担的职责，积极参与正式比赛，享受健美操课上的氛围。

（2）大部分学生对教学目标的实现情况持肯定的态度，学生认为通过运用“运动教育模式”，较好地发展了健美操技术与专项身体素质，在一定程度上增强了战术意识，更加理解项目规则，提升了责任感，培养了领导力，增强了团队凝聚力，发展了公平竞争意识，有利于培养终身体育观念。

附　录

附录一　我国普通高校健美操“运动教育模式”理论构建专家调查评分表（一）

尊敬的老师：

本研究旨在将“运动教育模式”引入我国普通高校健美操教学，通过挖掘“运动教育模式”的内涵和精髓，构建我国普通高校健美操“运动教育模式”的理论体系，促进我国高校体育教学的改革与发展。本研究理论构建部分主要分两个步骤：首先，依据体育教学模式构成要素确定一级指标；其次，依据“运动教育模式”与我国普通高校健美操教学特征确定二级指标。下表为初步拟定的我国普通高校健美操“运动教育模式”理论体系各级指标，请您按照“不重要”（0 分）、“一般重要”（1 分）和“重要”（2 分）三个等级，对一级指标与二级指标进行评判打分。

谢谢您的帮助与支持！

一级指标	二级指标	
理论基础（得分：　　）	1. 游戏理论与游戏教育理论	（得分：　　）
教学目标体系（得分：　　）	1. 发展健美操技术与专项身体素质	（得分：　　）
	2. 具备战术意识，并在比赛中合理运用战术	（得分：　　）
	3. 重视项目规则和惯例	（得分：　　）
	4. 培养学生的责任感与领导力	（得分：　　）
	5. 开发学生的执裁能力和执教能力	（得分：　　）
	6. 增强团队凝聚力	（得分：　　）
	7. 发展公平竞争意识	（得分：　　）
	8. 培养终身体育观念	（得分：　　）
教学过程（得分：　　）	1. 赛季日程	（得分：　　）
教学操作程序（得分：　　）	1. 赛季前准备	（得分：　　）
	2. 课堂教学	（得分：　　）
教学方法系统（得分：　　）	1. 课堂管理策略	（得分：　　）
	2. 行为发展策略	（得分：　　）
	3. 选拔队长策略	（得分：　　）
	4. 学生分组策略	（得分：　　）
	5. 分配角色策略	（得分：　　）
	6. 分配职责策略	（得分：　　）
	7. 设计比赛策略	（得分：　　）
	8. 创造节日氛围策略	（得分：　　）

续表

一级指标	二级指标	
体育教学效果评定（得分：　　　）	1. 对运动效果的评价	（得分：　　　）
	2. 对学生执裁能力的评价	（得分：　　　）
	3. 对团队凝聚力的评价	（得分：　　　）
	4. 对学生责任感与领导力的评价	（得分：　　　）
	5. 对健美操项目理论知识的评价	（得分：　　　）
	6. 对公平竞争行为的评价	（得分：　　　）

您的其他宝贵意见与建议：

附录二　我国普通高校健美操“运动教育模式”理论构建专家调查评分表（二）

尊敬的老师：

本研究旨在将“运动教育模式”引入我国普通高校健美操教学，通过挖掘“运动教育模式”的内涵和精髓，构建我国普通高校健美操“运动教育模式”的理论体系，促进我国高校体育教学的改革与发展。根据第一轮咨询的分析结果，修订各级指标。下表为修订后的我国普通高校健美操“运动教育模式”理论体系各级指标及具体内容，请您按照“不重要”（1 分）、“不太重要”（2 分）、“一般重要”（3 分）、“比较重要”（4 分）、“非常重要”（5 分）五个等级，对一级指标与二级指标进行评判打分。

谢谢您的帮助与支持！

<table>
<tr><th>一级指标</th><th>二级指标</th></tr>
<tr><td rowspan="8">教学目标体系
（得分：　　　）</td><td>1. 发展健美操技术与专项身体素质　　（得分：　　　）</td></tr>
<tr><td>准确地掌握动作技术，保持较好的身体姿态，具备良好的协调性，动作有力度，动作与音乐协调配合并体现出音乐的情绪等，同时具备在健美操比赛中始终确保技术良好发挥的各项身体素质。</td></tr>
<tr><td>2. 增强战术意识　　（得分：　　　）</td></tr>
<tr><td>学会动作编排上扬长避短，合理布局动作，全力争取规定动作比赛或预赛的成功。</td></tr>
<tr><td>3. 理解项目规则　　（得分：　　　）</td></tr>
<tr><td>学生担任裁判员，学习规则，能够在比赛中做出正确的评判。</td></tr>
<tr><td>4. 提升责任感　　（得分：　　　）</td></tr>
<tr><td>学生扮演不同的角色，并承担起相应的责任。</td></tr>
</table>

续表

一级指标	二级指标
教学目标体系（得分：　　）	5. 培养领导力　（得分：　　） 让学生从完成小的领导任务开始，然后逐渐拓宽任务的范围，以逐渐发展和提升学生的领导能力。 6. 增强团队凝聚力　（得分：　　） 构建和谐的氛围，使每个学生都感受到自己为团队做出的贡献，从而巩固队员之间的情谊，加强团队凝聚力。 7. 发展公平竞争意识　（得分：　　） 培养学生在比赛中做理性决定的能力，使学生在参与体育运动时变得更加有修养。 8. 培养终身体育观念　（得分：　　） 使学生更多地参与到校外的体育活动中，即使是在毕业后，走出校园，走上工作岗位之后，仍然继续参与健美操运动。
教学过程结构（得分：　　）	1. 赛季日程　（得分：　　） 从宏观层面确定教学过程结构，它是指整个赛季每一节课教学内容的大致安排。 2. 课堂教学过程　（得分：　　） 从微观层面确定每节课的内容，即确定课堂教学过程，拟定每节课课堂教案。
教学策略系统（得分：　　）	1. 课堂管理与行为发展策略　（得分：　　） 将传统的课堂常规、课堂要求运用到“运动教育模式”的课堂上来。课堂管理策略使课堂学习任务完成得更快、更好，课堂效率大大提高，课堂更加有序。公平竞争是学生行为发展的中心内容。 2. 学生分组策略　（得分：　　） 在赛季开始之前，或者在赛季开始之初，把学生分成不同的队或组，并且在整个赛季中始终维持这种相同的分队或分组。

续表

一级指标	二级指标
教学策略系统 （得分：　　　　）	3. 分配角色与职责策略　　（得分：　　　　） 为学生设计一系列符合健美操特征的角色和职责。 4. 设计比赛策略　　（得分：　　　　） 依据健美操特征设计比赛，让所有学生有同等的机会参与比赛。 5. 创造节日氛围策略　　（得分：　　　　） 在日常教学中创造节日氛围，在赛季高潮中营造节日氛围。
教学评价体系 （得分：　　　　）	1. 对健美操技术的评价　　（得分：　　　　） 学生互评与教师评价相结合，过程性评价与终结性评价相结合，个人成绩与小组成绩相结合。 2. 对运动强度的评价　　（得分：　　　　） 通过心率表或计步器监测学生在课上的运动强度。 3. 对健美操项目理论知识的评价　　（得分：　　　　） 采用理论测试的方法，在每节课的结束部分进行测试。 4. 对角色职责完成情况的评价　　（得分：　　　　） 通过学生自我评价、学生互评与教师评价对角色职责完成情况进行评价。 5. 对公平竞争行为的评价　　（得分：　　　　） 使用正式的评分系统进行评估，也可以在某些时刻进行非正式评估。

您的其他宝贵意见与建议：

附录三　运动中内部动机量表

说明：数字 1～5 代表从“非常不同意”到“非常同意”五个级别，请仔细阅读以下的每一个表述，根据你的真实感受，做出选择。

1=非常不同意，2=不同意，3=中立，4=同意，5=非常同意

1. 我非常喜欢健美操课	1	2	3	4	5
2. 我认为我非常擅长健美操	1	2	3	4	5
3. 我在课堂上非常努力	1	2	3	4	5
4. 我认为在课堂上学好健美操很重要	1	2	3	4	5
5. 跳健美操时，我感觉紧张	1	2	3	4	5
6. 跳健美操时，我非常努力	1	2	3	4	5
7. 跳健美操是件有趣的事情	1	2	3	4	5
8. 我认为我们的健美操课非常有意思	1	2	3	4	5
9. 我很满意我在课堂上取得的成绩	1	2	3	4	5
10. 跳健美操时，我感觉到有压力	1	2	3	4	5
11. 跳健美操时，我感到焦虑	1	2	3	4	5
12. 跳健美操时，我不是很努力	1	2	3	4	5
13. 跳健美操时，我总是在想我是多么喜欢它	1	2	3	4	5
14. 学跳健美操不久后，我感觉我跳得非常好	1	2	3	4	5
15. 跳健美操时，我非常放松	1	2	3	4	5
16. 我的健美操跳得很好	1	2	3	4	5
17. 健美操不能吸引我的注意力	1	2	3	4	5
18. 我的健美操跳得很不好	1	2	3	4	5

附录四　运动中任务定向和自我定向量表

说明：数字 1～5 代表从“非常不同意”到“非常同意”五个级别，请仔细阅读以下的每一个表述，根据你的真实感受，做出选择。

1=非常不同意，2=不同意，3=中立，4=同意，5=非常同意

在体育课中我有最成功的感觉，每当：

1. 我是唯一能够跳得好的人时……………………1　2　3　4　5
2. 我学到了新的技术，这使我想要做更多的练习时
……………………………………………………1　2　3　4　5
3. 我比我的同学们跳得更好时……………………1　2　3　4　5
4. 别人不如我跳得好时……………………………1　2　3　4　5
5. 学习我觉得很有乐趣的动作时…………………1　2　3　4　5
6. 其他人跳得乱糟糟的，而我没有时……………1　2　3　4　5
7. 我通过努力学到新的技术时……………………1　2　3　4　5
8. 我非常努力地练习时……………………………1　2　3　4　5
9. 我获得了最高的肯定或得分时…………………1　2　3　4　5
10. 我学一种激励我去做更多练习的技术时……1　2　3　4　5
11. 我是最优秀者时………………………………1　2　3　4　5
12. 我很好地掌握新学的动作时…………………1　2　3　4　5
13. 我尽了自己最大的努力时……………………1　2　3　4　5

附录五　运动中动机氛围量表

说明：数字 1～5 代表从“非常不同意”到“非常同意”五个级别，请仔细阅读以下的每一个表述，根据你的真实感受，做出选择。

1=非常不同意，2=不同意，3=中立，4=同意，5=非常同意

在体育课上：

1. 当我做得比其他同学好时，会感觉非常好	1	2	3	4	5
2. 学生因为失误被惩罚	1	2	3	4	5
3. 学生因为失误而失去练习的机会	1	2	3	4	5
4. 击败同学很重要	1	2	3	4	5
5. 教师更多地关注“明星”学生	1	2	3	4	5
6. 比别人做得好是很重要的	1	2	3	4	5
7. 教师只喜欢一部分学生	1	2	3	4	5
8. 学生被鼓励击败队友	1	2	3	4	5
9. 每个人都想得到高分	1	2	3	4	5
10. 只有最棒的学生才得到老师的关注	1	2	3	4	5
11. 学生害怕犯错误	1	2	3	4	5
12. 只有少数学生能成为“明星”学生	1	2	3	4	5
13. 努力跳健美操会得到老师的奖励	1	2	3	4	5
14. 教师着重提高学生的技术水平	1	2	3	4	5
15. 每个学生的进步都是重要的	1	2	3	4	5
16. 学生尝试着学习新技术	1	2	3	4	5
17. 学生被鼓励去挑战自己的弱点	1	2	3	4	5
18. 教师希望我们尝试新的技术	1	2	3	4	5
19. 学生喜欢与好的队进行比赛	1	2	3	4	5
20. 所有的学生都有自己重要的角色	1	2	3	4	5
21. 大部分学生能有机会参与比赛	1	2	3	4	5